长安之春

[日]石田幹之助——著

张鹏——译

《丝路·长安国际译丛》（第一辑）

主编　王双怀　高兵兵

陕西新华出版传媒集团
三秦出版社

图书在版编目（CIP）数据

长安之春 /（日）石田幹之助著 ；张鹏译.
— 西安 ：三秦出版社，2021.7(2022.7重印)
（丝路·长安国际译丛 / 王双怀，高兵兵主编.第一辑）
ISBN 978-7-5518-2412-5

Ⅰ. ①长… Ⅱ. ①石… ②张… Ⅲ. ①长安(历史地名)
—文化史—研究 Ⅳ. ①K294.11

中国版本图书馆CIP数据核字(2021)第125274号

长安之春

[日] 石田幹之助 著 张鹏 译

出版发行	陕西新华出版传媒集团 三秦出版社
社 址	西安市雁塔区曲江新区登高路1388号
电 话	(029) 81205236
邮政编码	710061

印 刷	陕西隆昌印刷有限公司
开 本	720mm×1020mm 1/16
印 张	9
字 数	130千字
版 次	2021年7月第1版
印 次	2022年7月第2次印刷
标准书号	ISBN 978-7-5518-2412-5
定 价	45.00元

网 址 http://www.sqcbs.cn

《丝路·长安国际译丛》（第一辑）编委会

《丝路·长安国际译丛》序

由王双怀和高兵兵教授主编并由他们与徐璐、翁建文等西大学人分别翻译的《丝路·长安国际译丛》即将付梓，兵兵教授邀我写几句话。我对日语翻译及该领域在日本的研究现状都不懂，本应婉谢，之所以要说几句捧场的话，是因为以下三端：

首先是对高兵兵教授事业的支持。兵兵六年前从日本大阪大学获博士学位，学成归来，给她开出诱人待遇与条件的学术机构很多，兵兵选择了西北大学文学院，这对我校刚刚起步的对外汉语专业是一个很有力的支持。她在紧张的教学之余，很快调整工作状态，以适应国内的教学科研环境。先后推出一系列有关日本汉诗及汉文学研究的成果，而且主办了多场国际学术会议。由于她的成果突出，当时成了西北大学文科第一批通过特别评审晋升教授的归国人员，一时很引人关注。兵兵并没有满足于已经取得的成绩，几年前就吐露出要进行日本长安学研究翻译一事，并积极申报课题，一转眼已经有第一批成果问世，确实是值得祝贺的。

其次是给我提供先睹为快的机会。日本学界对该领域的研究状况我无法准确评判，但本辑中的几部著作如《长安的都市规划》（妹尾达彦著，高兵兵译）、《唐代长安镇墓石研究》（加地有定著，翁建文、徐璐译），仅从题目上我就特别喜欢。原著者在日本都是该领域的翘楚，很多年前我就拜读过妹尾教授研究唐代文人生活状况的大作，还多次引用过他关于白居易等文人在长安、洛阳等地居住的研究成果。印象中，妹尾先生与陕西学界联系较多，听说他曾师从著名史学家史念海先生。二十世纪八十年代中后期，我也在师大随霍松林先生读书，校园中曾多次见过他进行学术交流的海报，可惜当时忙忙碌碌，没有聆听并拜见，这次通过兵兵教授的翻译，比较系统地了解了妹尾先生关于长安都市规划的学术见解。几位日本学人的成果，所讨论的问题既深入又细致，既可以帮助我们了解该专题的学术前沿，又可以让我们略窥日本汉学学风之一斑。

再次是提供了长安学研究的“他者”视角。据我的不完全了解，国内关于长安的研究也正方兴未艾。仅以陕西学界而言，李炳武先生曾主持编辑皇皇十多册的《长安学丛书》，王军、陈学超先生曾以长安学申报西安市社科重大课题，并在陕西师范大学设立长安学的学位点。张新科先生主编《长安学研究》杂志，已经推出多期成果。陕西师范大学和西安文理学院都以长安学作为重点研究方向，特别是陕西师范大学将以长安研究作为申报协同创新研究平台的重要项目。可见长安研究已由原来荒寒冷僻的专家之学，变成今日各方关注的显学。海外的研究，特别是与中国文化关系密切的日本研究，也是一个重要的它山之石。国内特别是陕西学界不能忽视这个视角，以避免做低水平重复性的简单工作。高兵兵、徐璐、翁建文等学者的努力，无疑是在为这个领域做最基础的铺路垫石工作。由于目前的科研体制所限，重著述轻翻译，助推了浮躁的学风。故高兵兵和她的团队正在做的这项扎实工作，更值得学术界的肯定。

当然，翻译本身也有它的学术标准，董桥先生认为优秀的译作应该是原作者与译者的“门当户对”。故如何在遵守专业规范的同时使译笔更流畅准确，既符合原文的行文风格，又有清通畅达的汉语，确实有难度。本人没有过翻译实践，只是随意说说而已，说得多了就要出乖露丑了，就此打住。

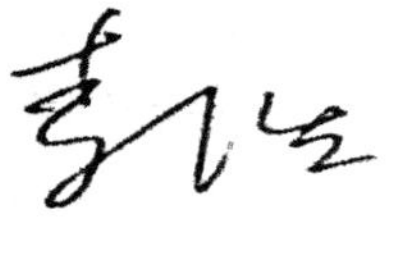

2012 年 10 月 25 日

旅次渝州途中

总　　序

长安曾是周、秦、汉、唐等中国最重要朝代的都城，是中华文化的根基所在。它曾是世界上最大的都市，地处中原腹地，东西贯通、南北交会、政经繁荣、文化灿烂，是世界各国、各族人民向往的地方。其发达、灿烂的文化对丝绸之路沿线以及整个世界都产生过巨大的影响。

“长安”不仅是一个城市、一个地名，它可以说是中国文化中一个重要的文化符号。近年来，随着中国国际地位的日益提升以及影响力的扩大，中国对自己的文化如何向外传播格外重视起来。鉴于古都长安在中国传统文化中的核心地位以及历史上曾经享有的国际地位，我们迫切需要了解古代长安文化对世界的影响。

古代长安所在的西安市，继作为国家西部大开发龙头城市之后，又被公认为世界遗产“丝绸之路”的起点，迎来了前所未有的发展契机。在这样的情况下，我们必须要以国际化的视野来重新审视西安的历史与未来。了解古代长安的国际影响，将对我们把西安建设成为国家中心城市起到重要的借鉴作用。

研究长安的国际影响，一方面需要了解长安文化在域外的传播及本土化过程，另一方面需要了解国外学界是如何研究长安的。

关于前者，近年来，丝绸之路的国际合作研究、遣唐使及东亚留学生的国际合作研究等已经蓬勃开展，像日本遣唐使井真成墓志、百济祢氏家族墓志的保存和研究等，使古代长安历史文化的研究上了一个新台阶。本人所在的西北大学，近年来在丝绸之路及东亚研究两方面都取得了丰硕的成果，如以井真成墓志的保存为契机的与日本专修大学的合作研究，已在中国和日本同时出版了论集《长安都市文化与朝鲜、日本》。

但关于后者，即国外学界研究长安文化的成果，却几乎都没有被介绍到国内来。如日本著名唐史学家石田干之助（1891—1974）博士研究唐代长安文化的名著《长安之春》（1941），自问世以来，在日本多次再版，经久不衰，该书既有翔实的考证，又充满着浪漫气息，可以说，就是这部书，让广大日本人民对古长安也对今天的西安心驰神往。这么重要的著作，在韩国似已有译本，但还没有中译本，这不能不说是长安文化研究的重要缺失。再如新一代的中国研究专家、专门从事中国都市史研究的妹尾达彦（1952—）博士的专著《长安的都市规划》，以新锐的全球化视角，把唐代长安城放到欧亚大陆及世界文明发展史中来重新审视；同时又从儒家文化的角度分析了唐长安城的结构，并与中国其他都城做了比较；他还以自己独特的视角，对唐长安城内的生活情境进行考查和描述，此书可谓是21世纪长安研究的代表作，具有很强的可读性，目前在日本市场已经售罄，该书在韩国也已经被翻译出版，而中译本还没有问世。

以上虽仅以日本为例，但可以见得，古代长安文化国际研究成果的引入，目前在国内还基本上处于空白。“它山之石，可以攻玉”，作为一个西安学者、一个古长安文化的后继者，我深感自己有责任传承和发扬长安的历史文化，更有责任将国际上研究长安文化的丰富成果在国内加以推介。

以上就是我们主编本套丛书的初衷。我相信，这项事业，将对今后西安地域文化发展、促进古代长安文化研究的国际化以及弘扬中华民族伟大传统精神，做出重要的贡献。

丝绸之路沿线及西方世界，历史上与长安交往的时间长短、层次范围均不相同，因此应不同对待。比起现代欧美诸国，东亚、中亚诸国与长安文化往来的历史较长，受长安所代表的中国文化的影响也要深远得多。在中亚、东亚诸国，研究长安文化就等于研究各国自身古代与中国的交流史，因此，这些国家在对长安文化的关注度上，以及有关长安的文献和当代研究成果方面，都要远远超出欧美各国。尤其是朝鲜、日本等东亚诸国，自古受到中国文化的全面影响，他们使用汉字，学习以儒家经典为核心的汉文典籍，接受儒、释、道等中国思想价值体系，与古代长安的交流广泛而深入，使节往来频繁。他们从都城长安带去当时最先进的中国文化，可以说，长安文化已经融入到他们自身的文化体系当中。

鉴于以上理由，本丛书将首先介绍东亚诸国对长安的研究。加之本人所学的专业及研究范围所限，第一阶段将主要集中在日本成果的推介，然后再扩大到朝鲜半岛以及世界其他各国。今后成果推介范围的扩大，还要依靠西北大学各相关学科和研究团队的加盟，以及国际合作研究的蓬勃开展。

本套丛书从策划到第一批译著问世，再到今日的再版修订，已过去了十年，其间，许多这方面的成果也陆续问世，如妹尾达彦继《长安的都市规划》后，又有《隋唐长安与东亚比较都城史》（中文版，西北大学出版社，2019 年）及《全球史》（日文版，中央大学出版部，2018 年）等新著，其他日、韩学者也不乏新著出现。我们一定再接再厉，期待着这套丛书今后能源源不断注入新的血液！

另外，本丛书并不局限于研究专著，只要是与长安历史文化相关的内容，我们都将广泛吸纳。以往已经在国内翻译出版的一些零散的译著，如有必要，我们也会重新组织翻译。国际上研究长安的优秀单篇论文，我们也会将其陆续以专题论文集的形式加以介绍。

本丛书的问世，离不开西安这块地域，离不开长安厚重的历史文化底蕴，离不开陕西强大的人文学科优势。在此谨对西北大学李浩教授和陕西师范大学杜文玉教授、王双怀教授等人的大力支持表示诚挚的感谢！本人除了编好这套丛书，无以为报。

本丛书选择由三秦出版社出版，也是有特殊缘由的。三秦出版社一直致力于古代长安丰富文献资源的发掘和最新长安研究成果的推介，与长安历史文化相关书籍的出版发行，非其莫属。再者，该社之前就已经出版过一些国际上与长安有关的译著了，如日本教师足立喜六的《长安史迹研究》、吉川幸次郎之子吉川忠夫的《秦始皇》等，这也让我自然而然地想到了三秦出版社。在此也感谢三秦社总编辑赵建黎先生、副总编辑贾云先生的信任和支持，希望这项事业结出累累硕果！

最后，期待广大读者能够喜欢这套丛书。

高兵兵

2021 年 7 月

于长安蜗居

必读之书

井上靖

唐都长安不仅只是古时的异国之都。年轻的日本为了向当时先进的大唐帝国学习各个领域的技术文化知识，从7世纪中叶到9世纪，曾几十次派遣遣唐使去往大唐。留学僧和留学生来到都城长安，并在此学习。

不了解唐都长安和那个朝代，便无法描述日本的古都奈良和奈良时代。而要用一种直观的手法来捕捉大唐和都城长安，又谈何容易。《旧唐书》《新唐书》《太平广记》《全唐诗》《全唐文》等等，讲述唐朝的文献和古代记录不计其数。若不是这方面的专家，是绝不能够进入到这文字的密林中，甚至连资格都没有。

石田博士广泛涉猎于这片文献和古代记录之林，运用从中获得的无数宝石般珍贵的知识，以一种我们能够理解的方式，精彩地再现了生活在都城长安，生活在那个朝代的民众的生活。石田博士是第一个为我们做这些事情的学者。

当今，丝绸之路受到了社会各界的关注，不仅出版了大量与丝绸之路有关的刊物，各地还举办了研究会和演讲会。《长安之春》中虽没有出现丝绸之路这个词汇，但显然这是一部以都城长安为中心来研究丝绸之路的论著。

文中既生动地描绘了长安的风采，也仔细描述了西方文化向长安的传播。而这又不单单只是一篇研究、一篇论著，其中的趣味性紧紧地抓住了读者的心。从中，我了解到石田先生是如何满怀激情地投身在这无人进入的研究领域。如果不是这样，那《长安之春》中独一无二的极大魅力便无从而来。

丝绸之路的起点和终点都在长安。从这个意义上可以说，《长安之春》是对丝绸之路感兴趣的人最初必读的一本书。读者必然会一边沉浸于可被称之为石田学的有趣的学术推理和推论之中，一边漫步在一千二百年前那座文化大都市长安的春天里，然后再让我们回到那花香扑鼻的奈良时代去思考一下古都奈良的种种吧。

初版序

为书稿写序似乎是件快乐的事情。有人兴致勃勃畅谈抱负，有人则语调谦虚暗含希望，两者皆可。只是这本书，我无意为它写序，更觉得没有必要。收录其中的文章常常只是闲来之笔，所谓旧的已经过去几十年，所谓新的也都是六七年前的旧稿，而且都已经刊登在杂志或报纸上，如今再为它们做同样的工作，自感羞愧难耐。说起来这无异于废品的再生。虽然如此，但也不能让它们还穿着以前小时候的衣服再出来亮相，破的地方和以前的补丁都需要重新修补。原本为了应急临时缝制便给它们穿上了，所以这次是真该好好修整一下。然而，翻新旧衣服远比做新衣服要麻烦得多，试着改动了一下，但结果还是只能将就着应付眼前。所幸我这次的补缀修理仅限于文字，并不需要真的使用人造棉或替代品。哪怕只有几个地方，而且新资料也仅有只言片语，我还是想把它们做成精美的补丁。

本书的书名《长安之春》取自卷首的篇名，由拙稿中几篇与唐代文化相关且体裁随性的文章组成。其中有一些看似像中学生的作文，可我却还自认为那是研究论文。为了表明所述内容之理据，我在一些地方用小字添加了可供参照的注释，一般读者在阅读中如果觉得麻烦自然可将其跳过。就算是从头到尾把《太平广记》的五百卷和《全唐诗》的四万八千首通读一遍，对个别问题还是会觉得资料少得可怜，逢此便觉得自己有些愚蠢。这个世道写些没用的东西难免会招人非议，但是中国研究在当今和未来都会有它的作用。未来的作用也许是十年、二十年之后才能发挥到。如果没有人先来做一些看似“愚蠢”的事情，那么所谓的学问也不过只是空中楼阁。且自我安慰一番。

卷末的后记中说明了本书收录的各篇首次刊登的时间和刊物名称，其中与旧稿不同的地方是笔者今日思考的结果，特此谨记。

1941 年 3 月下旬

著者记

日本讲谈社学术文库本出版说明

1. 本书是收录在本文库中的《长安之春》（创元社昭和十六年刊）的初版，仅省略了卷末的后记。

2. 本文库在此基础上补充了《胡人买宝记补遗》（平凡社刊东洋文库本所收）。

目　　录

长安之春

一

长安二月多香尘，六街车马声辚辚。
家家楼上如花人，千枝万枝红艳新。
帘间笑语自相问，何人占得长安春。
长安春色本无主，古来尽属红楼女。
如今无奈杏园人，骏马轻车拥将去。

——韦庄《长安春》①

农历正月的元旦，群臣百官进京朝贺，从节气上来看长安城已经进入了春季，但直到元宵节赏灯前后，大唐之都依然春色淡薄。立春后约十五日即进入雨水节气，油菜花、杏花、李花随之开放，花信风渐暖。至惊蛰时，一候桃花，二候棣棠，三候蔷薇。至春分时，一候海棠，三候木兰，可谓百花缭乱、竞相开放。那时帝城春色微醺，就连东西两街一百一十坊也笼罩在一片馥郁的花香之中，渭河之水晕染霞光，终南山麓日光炎炎。在迷蒙的春雨中过了清明节，紫色的梧桐花气味清香，郊外的田垄上挺起青翠的麦苗，柳絮缤纷如片片雪花落在皇宫沟渠的水面上。时至谷雨节气则春色终老，日照映辉日益灿烂，天空亦蔚蓝清澈。和风暖暖地吹过柳

①《全唐诗》卷七百。

枝，滔滔柳丝则低低垂向浐河、灞河两座桥畔。怒放的牡丹花如王者般占尽满城春色，惹得城中的男男女女纷纷从家中出来，终日只为追随牡丹花的踪迹。当楝花沉淀后的甜腻熏香飘荡在黄昏时分时，赫然发现周围的树木已经吐露出新芽，九街十二衢都淹没在这种令人动容的鲜艳的嫩绿之中。行道两旁的槐树和榆树高大挺拔，遮住了上方的天空，树枝遮蔽下的阴凉也日渐浓厚①，凉爽的行道上不时走过稍显疲劳之色的都市行人——崭挺的薄衫上印有些许汗渍的男男女女似乎想在这附近小憩片刻，三五成群的身姿隐约可见，这便是帝都的初夏。对于长安春天的消逝，诗人心生感叹，借此吟诵出这首惜春之作。

站在京城东城墙的中门春明门处环顾四周，能远远看到西北方三省六部屋瓦连绵的皇城。其北边最早的宫城（皇宫）露出殿阁的顶角，而在它

---

①自春秋战国时期开始，中原地区就已经在街道两旁密植林荫。很多唐诗中都记载了唐都长安的街道两边种植了高大的树木。两《唐书》之《五行志・大风》中，有很多行道树受到损害的记载，从中也可得知。行道树以槐树和杨柳为主，路上也可以看到很多榆树。在从宫城南门承天门往南至朱雀门，即所谓天门街两旁，似乎种植了非常多的槐树。（唐代尉迟偓《中朝故事》）开元二年六月大风时，城中街树十之七八皆倒，当时受损的有隋朝高颍种植的树龄三百多年的老槐树，想必一定是棵苍劲的大树（参见《朝野佥载》石印宝颜堂秘笈本卷一，七面正面，《新唐书》卷三十五《五行志》等）（译者注：据《太平广记》卷第一百四十《征应六・大星》引《朝野佥载》“唐开元二年……六月，大风拔树发屋，长安街中树连根出者十七八。长安城初建，隋将作大匠高颍所植槐树殆三百余年，至是拔出”。原著中为“高颍”，《太平广记》作“高颎”）。而韦应物《拟古诗十二首》（其二）“京城繁华地，轩盖凌晨出。垂杨十二衢，隐映金张室”和《陪元侍御春游》“何处醉春风，长安西复东。……往来杨柳陌，犹避昔年骢”则描写了杨柳的风姿。榆树本不是行道树的主角，德宗贞元十二年，有人提议要在官街两侧补种榆树时，京兆尹吴凑说“榆非九衢之玩”，遂命人换成槐树（《新唐书》卷一百五十九《吴凑传》，《旧唐书》卷一百八十三《吴凑传》）。其实当时还是种了很多的榆树，温庭筠《乾馔子》中记载：窦乂在长安城中拾落在地上的榆荚时得斛余（《太平广记》卷第二百四十三），从中便可得知。有关行道树的历史还可参阅顾炎武《日知录》卷十二。

上面引用的韦应物的诗出自《全唐诗》卷一百八十六及卷一百九十二。

的东北方，后来的天子之居——东内诸宫的屋顶宛若一座龙宫一般浮起。盛世大唐玄宗新政时常居的兴庆宫，一角辉映着红墙黄瓦，勤政殿和花萼相辉楼上的雕梁画栋犹现眼前。西南方紧邻朱雀大街的荐福寺中的小雁塔，在一片民宅中露出高高的塔尖，往南则眺望到慈恩寺中的大雁塔，笼罩在一片紫气金霞中。这一带是连接上都长安与东都洛阳、北都太原等之间"孔道"的都城入口，车水马龙十分繁华。既有赶赴地方任职的官吏，也有牵着骆驼的商队，还有胳膊上架着海东槿域特产的老鹰、骑着披银鞍的白马，终日在城东的郊野以狩猎为乐的富家公子。随着唐朝宫廷迎宾的华丽队列，连骅骝也迈着步子缓缓向西，这应该是奉大和岛天皇的钦命远渡重洋前来的藤原清河一行吧。外国使臣入朝和东方朝拜者都要从这里进入皇都，从日本、新罗、渤海等遥远诸国前来修学求法者，背负行囊不远万里来到此地，也都要穿过此门。日本国的空海、圆仁、圆珍、宗叡都是从这里进入都城的。卷发高鼻、金发碧眼的胡人往来于此也并不少见，在大唐坊间听闻有人在春明门遇见西域胡人，这已不是什么稀奇的事情①。繁华区和东市也距离这里很近，虽然不及西市，但流寓这里的外国人也不在少数②。

---

①张读《宣室志》中冯翊严生得清水珠卖与胡人的故事，可以用作证明春明门附近遇见西域胡人一事的例证（《太平广记》卷第四百二）。该故事的译文收录在本稿《西域胡商重金寻宝》一文中。

②长安东西两市是城内的繁华区域，宋敏求《长安志》中明确记载，西市尤其热闹，往来纷杂。翻阅一下唐朝的小说、随笔便可得知，西市附近住着很多粟特、波斯、阿拉伯客商。西市附近的祆教和景教寺院也可证明这点。由此大致推想，东市附近的西域胡商也不在少数。

在Khumdan之都和Khomdan之城（长安城的胡文名称）① 长安，把大唐天子尊称为天可汗②的西胡为了获取商利纷纷蜂拥而来。往来的盛况不仅体现在陆路上，城外南边环绕的龙首渠运河里，一艘艘船只装满了堆积如山的江浙大米和南海珍宝，林立的桅杆中风鼓锦帆，河里的船只也呈现出一幅热闹的光景。王贞白《长安道》曰："晓鼓人已行，暮鼓人未息。梯航万国来，争先贡金帛。……"③ 诗中描述的应该就是这里的景物。

入夜，当北斗星宿居于昴，黄昏鹑火星宿居于南中时，春季已过半，天转暖，花渐开，踏春赏花的人潮在街头涌动。如"十二街如市，红尘咽

---

①Tamyac、Tamyaj是六朝末期至唐朝时，中国塞北到中亚、西亚及东罗马帝国一带的人对中原的称呼，起初仅指中国北部，至唐朝时指称整个中国。白鸟和裴里约两位博士认为，这两个词来源于北朝鲜卑族拓跋部的名称（Tabyac）。我个人比较支持这个观点，但我同时认为桑原博士的另一种说法也值得参考（《蒲寿庚研究》岩波刊决定版第137页）。Khumdan及其变音Khubdan、Khomdan等名称，是唐朝中亚、波斯、阿拉伯及东罗马人称呼都城长安的词。究竟是把汉语中的哪个词汇音译了过去，这个问题众说纷纭，久未解决。希尔特和桑原两位博士提出"京城"音译说，我虽然认为这种解释最稳妥，但也确实拿不出什么确凿证据（参见桑原博士《隋唐时代往来中国的西域人》，《贺内藤博士六十寿辰纪念中国学论丛》第578页和A. C. Moule, Christians in China before the Year 1550, London, 1921, pp. 15－18）。在印度，当时长安的名称是Mahacina，也有把Khubdan梵语词形化后的Khubdana用作长安的名称（参见《梵语杂名》等）。

②天可汗是唐初大唐威名传入土耳其族时，他们为表达对唐太宗的敬意而采用的尊称，是汉语和土耳其语的复合词，意思代表"天下最大的皇帝"，原语大概是Tangri qayan。当时中原的天子不仅是唐帝国的皇帝，还被广大塞北诸民族及西域各国尊为共同的大君主，《资治通鉴》唐纪，"贞观二十一年"条中记载，很多土耳其部族臣属大唐，称往来到京城皇宫便如同拜望父母一样，请求在回纥南部与突厥以北地区开辟一条通道，起名为参天可汗道，设置六十八驿，各有马匹及酒肉以供过路人享用，每年进贡貂皮以充作租赋。但必须注意到，回纥族等把自己的可汗称为Tangri qayan，中国有时把它翻译成天可汗。和硕柴达木湖畔树立的毗伽可汗（Bilga qayan）的碑文中可见这样的例子（E. Chavannes et P. Pelliot, Un traité manichéen retrouvé en Chine, Tirage a part, pp. 202－203）。〔追记〕：除此之外，罗香林也详细考证过天可汗，请参阅《唐代文化史·天可汗制度考》（中国台湾，1954）。这是一部力作，只是书中未提及参天可汗道。

③王贞白《长安道》（《全唐诗》卷七百一）。

不开”和“鞍马和花总是尘”① 中描述的那样，熙熙攘攘的街上就连花儿也沾满了灰尘。长安的百姓从来都喜欢出游，他们待不及春意变浓，在寒梅刚刚在枯枝中绽露出点点白色时，便走入田野，四处探寻微露萌芽的春姿。正如《开元天宝遗事·探春》② 中所云：“都人士女，每至正月半后，各乘车跨马，供帐于园圃或郊野中，为探春之宴。”待到二月二中和节（德宗以前是一月晦日），都城内外赏春的绝佳去处早已拥满了人群。自此至三月初上巳节、寒食、清明，市井黎民行乐时多去曲江边和乐游原。曲江位于都城的东南角，秦朝史称“丰洲”，是一块沮洳地，开元年间进行疏浚后成为一处风景名胜。唐朝半世以来，长安春季的繁华景象多集中于此，南边有紫云楼、芙蓉园等胜景，西边与杏园、慈恩寺相接，有诗云“花卉环周，烟水明媚”③。杜甫吟唱的“三月三日天气新，长安水边多丽人。……绣罗衣裳照暮春，蹙金孔雀银麒麟……”④ 正是对曲江池畔风景的描绘。乐游原是曲江池北边的一座山丘，位于城南的制高点⑤，唐初长安年间，太平公主在此添造亭阁，营造了观景园林，随后，这里便成了都城人一日游玩的好去处。有人称赞：“其地四望宽敞，每三月上巳、九月重阳，士女戏就此祓禊登高，幄幕云布，车马填塞，虹彩映日，馨香满路，朝士词人赋诗，翌日传于京师。”⑥ 杜甫《乐游园歌》云：“乐游古园

①同为卢延让的诗句。前者出自《寒食日戏赠李侍御》：“十二街如市，红尘咽不开。洒蹄骢马汗，没处看花来。”后者出自《樊川寒食二首》之一：“鞍马和花总是尘，歌声处处有佳人。五陵年少粗于事，栲栳量金买断春。”（两首同出自《全唐诗》卷七百十五）

②顾氏文房小说本，上，十六面正面。

③出自杜荀鹤《松窗杂记》。“曲江池本秦时隑洲。唐开元中疏凿为胜境，南即紫云楼、芙蓉苑，西即杏园、慈恩寺。花卉环周，烟水明媚，都人游赏。盛于中和、上巳节。即锡宴臣僚会于山亭，赐太常教坊乐。池备彩舟，唯宰相、三使、北省官、翰林学士登焉。倾动皇州，以为盛观。”（引据《长安志》卷第九中加入的“曲江”注解，出自康骈《剧谈录》）

④诗句出自《丽人行》。见仇兆鳌《杜诗详注》卷之二。蹙金孔雀、银麒麟指的是用金银线刺绣出来的动物图案。

⑤《长安志》卷第八中记载：“其地居京城之最高，四望宽敞，京城之内，俯视指掌。每正月晦日、三月三日、九月九日，京城士女，咸就此登赏祓禊。”

⑥《杜诗详注》卷之二《乐游园歌》注引《西京记》。

崒森爽，烟绵碧草萋萋长。公子华筵势最高，秦川对酒平如掌。”① 站在乐游原上，除了曲江附近，就连远处的秦川（樊川）都能眺望到。

人们赏花爱去的地方不只有曲江和乐游原。如“长安春时盛于游赏，园林树木无间地”② 中描述的那样，但凡有些花木的地方，几乎都能见到前来出游赏花的人。他们“遇名花则设席藉草，以红裙递相插掛以为宴幄”③，就连突如其来的阵雨也似乎全然干扰不了富家公子的雅致，他们出外野游时都会随身携带“油幕”④。据传有位学士“与亲友结宴于花圃中，未尝具帷幄、设坐具，使仆童辈聚落花铺于坐下”，“吾自有花裀，何消坐具”⑤。进士郑愚、刘参等十几人心怀逸兴，“每春时，选妖妓三五人，乘小犊车，指名园曲沼，藉草裸形，去其巾帽，叫笑喧呼”，自谓之“颠饮”⑥。然而，春天的风景又岂止这些呢？天宝年间，杨国忠一门极其奢侈，“每游春之际，以大车结彩帛为楼，载女乐数十人，自私第声乐前引出，出游园苑中”⑦，长安的贵戚豪门皆效仿之。有幸的是，后来斯坦因先生还能从一直保留着的敦煌古画中看出昔日楼车载乐的景象⑧。据说杨国忠还把花盆装在车上，所至之处，种在盆中的奇花异木便随处可赏，谓之“移春槛”⑨。可惜，现在我们无法凭借任何东西来想象当年的“移春槛”。而《看花马》中记载的“长安侠少每至春时结朋联党，各置矮马，饰以锦鞯金鞍，并辔于花树下往来，使仆从执酒皿而从之，遇好花则驻马而饮”⑩，我们则可以从斯坦因先生发现的鸣沙石室的遗迹中，依稀想象一下

---

①曲江诗赋和唐朝诗歌中多见咏游乐游原（园）诗，其中以杜甫《乐游园歌》最负盛名。这里引自《杜诗详注》卷之二。

②《开元天宝遗事》卷下，六面正背面。

③《开元天宝遗事》卷下，十一面正面。

④《开元天宝遗事》卷下，十一面正面。“长安贵家子弟，每至春时，游宴供帐于园圃中，随行载以油幕，或遇阴雨，以幕覆之，尽欢而归。”

⑤《开元天宝遗事》卷上，十一面背面。

⑥《开元天宝遗事》卷上，十四面正面。

⑦《开元天宝遗事》卷上，十三面背面。

⑧Sit A. Stein, Serindia, Vol. Ⅲ, PI. LXXVI.

⑨《开元天宝遗事》卷上，十五面正面。

⑩《开元天宝遗事》卷上，十一面正面。

当时的那种情形①。

这个出游的盛况——苏颋所吟咏的“飞埃结红雾，游盖飘青云”②，到了牡丹花盛开的时节便会更加壮观。

二

帝城春欲暮，喧喧车马度。
共道牡丹时，相随买花去。
贵贱无常价，酬直看花数：
灼灼百朵红，戋戋五束素。
上张幄幕庇，旁织笆篱护。
水洒复泥封，移来色如故。
家家习为俗，人人迷不悟。
有一田舍翁，偶来买花处：
低头独长叹，此叹无人喻。
一丛深色花，十户中人赋！

——白居易《秦中吟十首·买花》③

一如“牡丹妖艳乱人心，一国如狂不惜金”④ 所吟唱的那样，在当时，

①Stein, op. cit. Vol. Ⅲ. 松本荣一博士《敦煌画研究》（1937 年）副图七八，a、b。这是佛传画，可看作唐代风俗画。

②《全唐诗》卷七十四。

③《白居易集》卷第二。

④王叡《牡丹》“牡丹妖艳乱人心，一国如狂不惜金”（《全唐诗》卷五百五》，这首诗又说是王毂所作，参阅《全唐诗》卷六百九十四）。

观赏牡丹并非长安都城仅有的风潮①，只不过帝城的黎民百姓对牡丹的热爱更加浓烈罢了。当杏园②春色近晚，曲江池畔的喧闹渐渐回归闲寂之时，长安的百姓却又被牡丹花吸引，人们终日都在品评着牡丹花的品种。宫中当然也栽种着许多名贵的花，供帝王和嫔妃们观赏消遣。天宝年间流传的沉香亭北的牡丹故事十分有名。文宗时“暮春，内殿赏牡丹花”，皇帝询问侍臣：“今京邑人传牡丹花诗，谁为首出?”③ 而权贵家族也尽其所能赏玩牡丹花，杨国忠把玄宗赏赐的几株牡丹栽在自家中，“以百宝妆饰栏楯，虽帝宫之内不可及也”④。同样，他又“用沉香为阁，檀香为栏，以麝香、乳香筛土和为泥饰壁。每于春时木芍药盛开之际，聚宾客于

①唐朝以前，中原人也不是没有赏玩过牡丹。被称为“画圣”的北齐杨子华和晋朝谢灵运的诗中都提及过牡丹，也许是人们都认为牡丹这种花只能用作观赏，所以才会出现文中的情景。这种观点并非我独有，唐代刘禹锡就针对“世谓牡丹花近有，盖以前朝文士集中无牡丹歌诗”的说法，说：“杨子华有画牡丹处，极分明。子华北齐人，则知牡丹花亦久矣。”（唐代韦绚《刘宾客嘉话录》，今《顾氏文房小说》本十一面正背面，以他本补一两句）唐代段成式《酉阳杂俎》前集卷十九云：“牡丹，前史中无说处，唯《谢康乐集》中言竹间水际多牡丹。”只是段氏接着又说：“成式检隋朝《种植法》七十卷中，初不记说牡丹，则知隋朝花药中所无也。”可见，种植牡丹在当时还并未盛行（这里出现的“隋朝《种植法》七十卷”，应该是《旧唐书·经籍志》“《种植法》七十七卷诸葛颖撰”。《新唐书·艺文志》中“颖”写作“颍”）。唐代流行观赏牡丹似乎是盛唐以后的事情，而且起初好像也只是局限在中原北部。白居易在长安浑瑊家中赏玩牡丹后作诗云“归到江南无此花”（《全唐诗》卷四百三十六《看浑家牡丹花戏赠李二十》）。还有白居易在杭州任刺史时，也只有开元寺种有此花，那还是开元寺僧惠澄从京师得此花，始植于庭得来的（唐代范摅《云溪友议》卷中）。这几件事情可以帮助我们了解前面的一些信息（据此书，当时徐凝见到此花后也咏过“此花南地知难种”）。据说到了五代，蜀地仍不知牡丹，孟氏在宣华苑中栽种牡丹称为牡丹苑（参阅清代计楠《牡丹谱》[《昭代丛书》本]）。花蕊夫人《宫词》云“牡丹移向苑中栽，尽是藩方进入来”，说的也正是此事吧。（《全唐诗》卷七百九十八，但也有说法称这首诗并不是花蕊夫人所作）。岭南地区到了五代时仍不知此花，有说南汉刘张在洛阳看到牡丹时被它的艳丽所惊倒（宋代陶穀《清异录》）。

②杏园位于慈恩寺南，通善坊里，和东边的曲江同属长安城内名胜（《长安志》卷第八。唐朝有很多诗歌咏叹杏园的春色，但此处全部省略）。

③钱易《南部新书·甲》。

④《开元天宝遗事》卷下，十六面正背面“百宝栏”条。

此阁上赏花焉。禁中沉香之亭远不侔此壮丽也”①，由此可见一斑。然而，喜好牡丹之风之所以如此盛行，绝不仅仅靠王侯将相之力，布衣百姓也完全沉醉其中，这才是真正的推手。

长安城的牡丹花期以三月十五日为中间点，前后大约有二十天②。有道是“花开花落二十日，一城之人皆若狂”③、“三条九陌花时节，万户千车看牡丹”④、“花开时节动京城”⑤、“长安牡丹开，绣毂辗晴雷”⑥。在都城，有的街道甚至因“牡丹花际六街尘”⑦ 而馥郁扑鼻。也只有被誉为“看遍花无胜此花”⑧、“万万花中第一流”⑨ 的牡丹，才正是白居易所讽喻的，一丛花售价竟为“十户中人赋”⑩，而人们对此竟不以为怪。柳浑感叹“近来无奈牡丹何，数十千钱买一颗”⑪，甚至有记载说“种以求利，一本有直数万者”⑫。这种风潮在短时间内没有丝毫衰退的迹象。长安仕女在春季“比花”（斗花）之际，以戴插奇花多者为胜，“皆用千金市名花植于庭院

---

①《开元天宝遗事》卷下，十七面正面“四香阁”条。把牡丹称为木芍药，详见郑樵《通志·二十略·草类》。

②《南部新书·丁》中云：“长安三月十五日，两街看牡丹，奔走车马。”

③出自《白居易集》卷第四《牡丹芳》。

④出自徐凝《寄白司马》。徐凝还有诗云：“何人不爱牡丹花，占断城中好物华。”（《全唐诗》卷四百七十四）

⑤刘禹锡《赏牡丹》中云：“唯有牡丹真国色，花开时节动京城。”（《全唐诗》卷三百六十五）

⑥崔道融《长安春》中云：“长安牡丹开，绣毂辗晴雷。若使花长在，人应看不回。”（《全唐诗》卷七百十四）

⑦出自徐夤《忆荐福寺南院》（《全唐诗》卷七百九）。

⑧徐夤《牡丹花二首》（其一），有：“看遍花无胜此花，剪云披雪蘸丹砂。”（《全唐诗》卷七百八）

⑨徐夤《牡丹花二首》（其二），有：“万万花中第一流，浅霞轻染嫩银瓯。”（《全唐诗》卷七百八）所以皮日休在诗中称此为“百花之王”，并歌咏“独立人间第一香”（《渊鉴类函》），但其集未见。

⑩请参阅第 7 页的注③。

⑪出自柳浑《牡丹》（《全唐诗》卷一百九十六）。

⑫李肇《唐国史补》卷中（据《学津讨原》本）云：“京城贵游，尚牡丹三十余年矣。每春暮，车马若狂，以不耽玩为耻。执金吾铺官围外，寺观种以求利，一本有直数万者。”版本不同在文字上会有所异同，特此声明。

中，以备春时之斗也”①，其中想必一定不缺少牡丹这个名贵品种吧。

长安城内观赏牡丹花的好去处虽不止三两处，但最驰名的大概是街东晋昌坊的慈恩寺和街西延康坊的西明寺。尤其是唐朝西明寺的牡丹最脍炙人口。慈恩寺元果院的牡丹由于比京中其他地方的牡丹先期开放而名噪一时；太真院的牡丹据说是“后诸牡丹半月开”②，每年春季，都城人都到这里来争相观赏这最后的牡丹胜景。以西明寺牡丹为题的佳句诗作众多，在此不一一列举③。除去这两寺，街东靖安坊的崇敬寺④，往北永乐坊的永寿寺⑤，还有距离曲江池不远的修政坊宗正寺的亭子⑥等等（宗正寺不是佛寺，是九座寺庙中唯一的官衙），以及街西长寿坊的永泰寺（万寿寺）⑦、永达坊度支部的亭子⑧等等，这些都是赏牡丹的绝佳去处。崇敬寺内的牡丹也相当引人注目，这可从一些诗句中解读出来，小说《霍小玉

①《开元天宝遗事》卷下，十一面正面“斗花”条。

②《南部新书·丁》中云：“慈恩寺元果院牡丹，先于诸牡丹半月开；太真院牡丹，后诸牡丹半月开。”还可参阅康骈《剧谈录》下（《学津讨原》本）“慈恩寺牡丹”条。

③见白居易《西明寺牡丹花时忆元九》（《白居易集》卷第九）、《重题西明寺牡丹》（《白居易集》卷第十四），元稹《西明寺牡丹》（《元稹集》卷第十六）。

④见《长安志》卷第七。这是尼姑庵。关于这里牡丹的注解参阅第11页的注⑤。

⑤见《长安志》卷第七。《南部新书·戊》作尼寺。元稹有《与杨十二、李三早入永寿寺看牡丹》（《元稹集》卷第五），是赏牡丹的好去处。

⑥《长安志》卷第八“宗正寺亭子”注曰：“《辇下岁时记》（唐李卓撰）曰：‘新进士牡丹宴或在于此。’”牡丹宴见王定保《唐摭言》卷三《宴名》（据《雅雨堂丛书》本）。

⑦永泰寺于会昌五年一度被毁，六年恢复时改为万寿寺。《长安志》卷第十中介绍了它的位置和沿革，《长安志》卷第八在慈恩寺注中写到了改废的事情。牡丹见翁承赞《万寿寺牡丹一首》（《全唐诗》卷七百三）。还有唐末宰相张睿率朝士到这里看过牡丹。张睿的事情在两唐书中都没有记载，从同列伶人张隐的诗句以及关于此诗由来的传说，可以略知一些（见《全唐诗》卷七百三十二《万寿寺歌词》）。

⑧《长安志》卷第九“度支亭子”注曰：“《辇下岁时记》：‘新进士牡丹宴，或在永达亭子。’”

传》中也写了小玉的旧情人李益和几个同龄好友在崇敬寺内观赏牡丹之事①。而作为私人名园，街东北边大宁坊浑瑊的大宅②、紧邻荐福寺开化坊内令狐楚的大宅③，皆因这牡丹花而名声大噪。

据说当时最令都城人欣赏的是紫色和红色的牡丹花，白色的牡丹花则不受重视。白氏云“白花冷澹无人爱”④，卢纶（裴潾）有诗云“长安豪贵惜春残，争赏街西紫牡丹。别有玉盘承露冷，无人起就月中看”⑤，诗中白牡丹被喻作盈盈带露的玉盘，借指不为人所欣赏的境况。花色暂且不说，花儿簇拥“径尺千余朵”⑥，也因此“能狂绮陌千金子，也惑朱门万户侯”⑦。由此可见，“破却长安千万家”⑧ 也不单单是个夸张的说法。这

---

①白居易《代书诗一百韵寄微之》中云“唐昌玉蕊会，崇敬牡丹期”（《白居易集》卷第十三）。白氏《自城东至，以诗代书，戏招李六拾遗、崔二十六先辈》中也有“崇敬牡丹时”的诗句（《白居易集》卷第十三）。李益的传说见传唐代蒋防作《霍小玉传》（《太平广记》卷第四百八十七）。除上述列出的寺院以外，大宁坊东南角的兴唐寺、靖善坊的兴善寺等地也种植了牡丹花的名贵品种，见《酉阳杂俎》卷十九《牡丹》。

②《长安志》卷第八记载晋昌坊有浑瑊的大宅院，《新唐书》卷一百五十五中记载其位于大宁坊。毕沅在《长安志》的上条中加注说，以《新唐书》的记载为准。白氏《看浑家牡丹花，戏赠李二十》中云：“香胜烧兰红胜霞，城中最数令公家。人人散后君须看，归到江南无此花。”（《白居易集》卷第十三）

③《长安志》卷第七“尚书左仆射令狐楚宅”下，毕沅引《酉阳杂俎》并加注释“牡丹最盛”，但我至今未检出。作为私人庭院，裴士淹（长兴坊）、韩愈（靖安坊）、窦易直（新昌坊）、元稹（靖安坊）等人的宅院也都非常有名；官厅中翰林院北厅（兴庆宫金明门内）也有名贵的牡丹（参阅《酉阳杂俎》卷十九，《白居易集》卷第十四《惜牡丹花二首》《微之宅残牡丹》及本页注②）。

④《白居易集》卷第十五《白牡丹》。

⑤《裴给事宅白牡丹》（《全唐诗》卷二百八十）。这首诗或称是裴潾所作，亦收录在《全唐诗》卷五百七中，虽然版本不同会导致字词的异同，但我认为这是最佳版本。有人也喜欢白牡丹，有两三首诗中吟咏过这个情况，如唐末王贞白和韦庄的《白牡丹》（《全唐诗》卷七百一、卷七百）、吴融的《僧舍白牡丹二首》（《全唐诗》卷六百八十六）。唐代张又新《牡丹》中云：“牡丹一朵值千金，将为从来色最深。今日满栏开似雪，一生辜负看花心。”（《全唐诗》卷四百七十九）白居易也有《白牡丹》（《白居易集》卷第一）。

⑥刘禹锡《浑侍中宅牡丹》中云：“径尺千余朵，人间有此花。”（《全唐诗》卷三百六十四）

⑦第 9 页注⑧中引徐夤诗“能狂绮陌千金子，也惑朱门万户侯”。

⑧第 9 页注⑨中引徐夤诗“破却长安千万家”。

股奢靡之风是否导致了人心的颓废，从而加快了唐朝的衰退？这里不便讨论。如能从上述文献资料中，多少可以捕捉到唐朝多彩文化的一面，则足矣。

牡丹芳，牡丹芳，黄金蕊绽红玉房。
千片赤英霞烂烂，百枝绛点灯煌煌。
照地初开锦绣段，当风不结兰麝囊。
仙人琪树白无色，王母桃花小不香。
宿露轻盈泛紫艳，朝阳照耀生红光。
红紫二色间深浅，向背万态随低昂。
……
遂使王公与卿士，游花冠盖日相望。
庳车软舆贵公主，香衫细马豪家郎。
卫公宅静闭东院，西明寺深开北廊。①
戏蝶双舞看人久，残莺一声春日长。
……

——白居易《新乐府三十首·牡丹芳》②

①参阅铃木博士《白乐天诗解》第192页。对于“卫公宅静”，博士也没有给出解释。这或许是因为以往李卫公（靖）宅院的牡丹花很有名气，但如今时过境迁，已经没有了。还有一点，李德裕也被封为卫国公，那这个李卫公会不会就是德裕呢？当然这两点都还没有确凿的证据。

②《白居易集》卷第四。

"胡旋舞"小考

一

在唐代，来自西域的歌舞、乐曲、杂技等深受唐人的喜爱。但这种风尚并非始于大唐，远自汉代就已经发轫，到南北朝时期已经是风靡一时。然而，这其中有一种"胡旋舞"，或在前代尚未传入中国，或未曾得到关注，直至唐朝才开始有一些星星点点的记录。"胡旋舞"是什么？是何方国家的杰出技艺？——下文略谈。依我所见，胡旋舞不仅是伊朗①文化给唐朝文明抹上浓重色彩的一个例证，而且也是论及当代中国风俗史时不可避开的一个重要题目。

二

首先，何谓"胡旋舞"？详解在后文，这里暂且把它解释为来自胡地的一种旋舞——旋转舞蹈。那胡旋舞到底来自何方？我想先考虑这个问题。《新唐书》卷二百二十一下中记载，开元初康国进献各种奇珍异宝和"胡旋女子"。据《册府元龟》卷第九百七十一，这应该是开元六年

①此处疑为作者笔误，本书中"伊朗"当指"波斯"。——编者注

（718）的事情①。《册府元龟》卷第九百七十一中记载，开元十五年（727）五月康国又进献来“胡旋女”。《新唐书》卷二百二十一中记载开元时期进献“胡旋女”，参照《册府元龟》卷第九百七十一、卷第九百七十五中的记述便可知，这是开元十七年（729）正月甲寅的事情，被进献来此的胡旋女是三人。《册府元龟》卷第九百七十一中还记载，开元十五年五月，史国进献“胡旋女子”和葡萄酒，同年七月，该国国王阿忽必多派使臣前来进献“胡旋女子”和豹。《新唐书》卷二百二十一中云，开元中该国进献“胡旋舞女”，与《册府元龟》卷第九百七十一对照可知，这应该是开元七年（719）五月的事情。

从上述史料来看，这些“胡旋女”“胡旋女子”“胡旋舞女”其实是异名同指，即擅长跳“胡旋舞”（抑或省略作“胡旋”）的女子。也就是一种 danseuses，是中亚粟特地区即康国、米国、史国、俱密等诸国的一大特色，而那旋转的舞蹈——“胡旋舞”也应是这些国家的特技。大量学者研究表明②，康国就是今 Samarqand，米国是 Mâimargh，史国是 Kesh（正确应为 Kešš），俱密是 Kumedh。但是，像地处帕米尔高原的俱密这样的国家也会有胡旋舞和胡旋舞女，这一点让人微感疑惑。如果要给一个解释的话，那或许可以认为是该国国王买下西方粟特地区的特产进献于大唐天子，也就是他们所称呼的天可汗。

在唐朝，“胡”这个词不仅用来指称广大的北狄，也用来指称西方诸

---

①《新唐书》中记载：“开元初，贡锁子铠、水精杯、玛瑙瓶、鸵鸟卵及越诺、侏儒、胡旋女子。”《册府元龟》中记载：“是年，康国遣使贡献锁子甲、水精杯、玛瑙瓶、鸵鸟卵及越诺之类。”后者虽省略了“侏儒”和“胡旋女子”，但两者记载的是同一件事，所以《新唐书》中记载的应是同一年的事情。

②Tomaschek、Marquart、Chavannes 等几位先生近期一定参考过白鸟博士的《粟特国考》（《东洋学报》14－4，1924 年 12 月）或其英译。这些国家的特技未必都能在记录中见到，即便如此，粟特的各个属地，如何（Kashanika）、安（Bokhara）、穆（Amol）、曹（Ura－tube）等地还是有这种特技的，我们没有必要抗拒这个事实。Zarafshan（泽拉夫尚河）流域，即所谓“河间地”的文化都很相似，所以这个推测恐怕也不能认为是毫无根据。

民族。在指称西方诸民族时，有时可指龟兹、于阗等地区的住民，偶尔也可以指西藏的部族[①]。当然一般都包括葱岭以西诸国住民，如波斯、大食，而也有称印度住民为"胡"的，那些住民被记载为天竺胡。因此，虽都被称为胡，但其实上述那些民族都包含其中。但也有显著的用例表明，"胡"用来特指粟特住民。让我们结合前面提到的《新唐书》和其他那些记述来回顾一下这个事实，"胡旋"的"胡"应该指的就是粟特的"胡"，而并非泛指北地、西域夷族之"胡"。因此，开头把胡旋舞解释为"来自胡地"的旋舞，至此，倒是应该把它修改为"粟特的绝技"，比较妥当。

三

那么，何谓胡旋舞？在解答之前还要先说明几点。首先有一种说法讲"胡旋"之技出自康居。白居易在新乐府五十篇第八《胡旋女》[②]中注"天宝末，康居献之"，在诗中也咏叹到"胡旋女出康居"。宋代的钱易或许是受到了前者的影响，在《南部新书·己》[③]中同样写道"天宝末，康居国献胡旋女"。不过，倒不必过分拘泥康居这个名称，当时的中国人有一种误区，认为康国为康居之后。而事实上，高宗永徽年间在康国设康居都督府，实行了羁縻统治[④]，因此，白氏等把康国也就是撒马尔罕地区称为康居也就不奇怪了。将其称为 Kirgiz Steppe 之地，视其为汉代以来真正的康居之地，这样的说法非但无用，还要尽量规避。

其次要注意些什么？通观上述史料，总会让人觉得，"胡旋舞"是通过向朝廷进献擅长此舞的舞女才得以从西域东传。但果真都是如此吗？回答是否。进献给朝廷的不是胡旋舞高手就是才貌兼备之人，这种事情经常

---

①"羌胡据西州，近甸无边城。山东收税租，养我防塞兵。胡骑来无时，居人常震惊……"（张籍《西州》，《全唐诗》卷三百八十三）

②《全唐诗》卷四百二十六。

③据《学津讨原》所收本。

④《新唐书》卷二百二十一下。

会用文字记载下来。但也可以想象，在民间往来之中，胡旋舞技自有其另外一条渠道来到大唐并在此生息。而其他的西域文物，也并非只是作为贡品才能流入大唐，或只能由王室派往皇帝那儿的使臣携带而来。所以，我们可以认为，胡旋舞技和其他文物一样，来到大唐存在着其他渠道。比如凉州（武威）①，自古就是连接西域的交通要冲，南北朝末期有大量胡人聚居，到唐朝时“百戏竞撩乱”，丸剑、跳踯、狮子、胡腾等在当地十分兴盛。虽没有翔实的史籍资料，但我也敢肯定那其中会有胡旋之技。在甘州（张掖）、肃州（酒泉）等同属河西要塞、胡人往来频繁的地区②，情况也大致相同吧。不用说，在那些地方是看不到由进献的舞女表演的胡旋之技的，即便是在大唐之都，作为贡物的“胡旋女”隶属于太常、教坊，常人恐怕也没机会亲眼见到。而像慈恩寺和青龙寺，是当时有名的戏场所在地③，在那里，百姓和流寓长安的乐工共济一堂，所以一定会有来自胡地

---

①元稹《西凉伎》中云：“哥舒开府设高宴，八珍九酝当前头。前头百戏竞撩乱，丸剑跳踯霜雪浮。狮子摇光毛彩竖，胡腾醉舞筋骨柔。……”“丸剑”应该指的是耍球和舞剑这两种杂技，狮子应该指的是白居易《西凉伎》中的狮子舞。白氏诗中吟：“西凉伎，假面胡人假狮子。刻木为头丝作尾，金镀眼睛银贴齿。奋迅毛衣摆双耳……”（《全唐诗》卷四百二十七）。“胡腾”参见第 21 页注①和注②。

有明确证据显示，至少是从南北朝时期开始，凉州就有很多胡人，尤其是西胡。《元和姓纂》卷四和《新唐书》卷七十五下，《宰相世系表》中有关于安难陀的记载，即他及其子孙在后魏时代已经从西域迁徙而来，成为当地祆教教徒的统领，这是最好的例证。这一点桑原博士指出过很多次（《史林》1924 年 10 月，《读陈垣先生〈元西域人华化考〉》第 118—119 页，《贺内藤博士六十寿辰纪念中国学论丛》所载《隋唐时代往来中国的西域人》第 611—612 页）。隋唐时代的事情参见桑原博士论文中后一篇的第630 页。

②“甘州（张掖）”参见《隋书》卷六十七《裴矩传》，“肃州（酒泉）”参见《北史》卷九十二《安吐根传》。北周时期，河西诸郡流通西域的金银币，这足以说明当时住在这里的西胡很多（《隋书》卷二十四《食货志》）。以上三条，均依据桑原博士所指（《隋唐时代往来中国的西域人》，《贺内藤博士六十寿辰纪念中国学论丛》所载论文第 608 页等）。

③慈恩寺、青龙寺、荐福寺、永寿尼寺等设有戏场一事（桑原博士早已注意到这一点），据《南部新书 · 戊》“长安戏场多集于慈恩，小者在青龙，其次荐福、永寿”便可得知。唐代张固《幽闲鼓吹》中记载，宣宗时万寿公主去戏场游玩，连驸马的弟弟生病了都不去探望，结果被宣宗严厉斥责一番。从中也可得知慈恩寺设有戏场。李绰《尚书故实》（转载在《太平广记》卷第四百四十二中）中云“京国顷岁，街陌中有聚观戏场者……”由此可见，长安城中各处都有戏场。

的舞蹈博得大家的喝彩。

还有一点需要注意。据前面引用的史籍记载，跳“胡旋”舞的都是女子。凡拥有这项技能的人都是danseuses，这其中难道没有男子吗？虽然能求证的古籍史料十分稀少，但胡旋舞者似乎未必全是女子。唐代姚汝能《安禄山事迹》卷上①和《旧唐书》卷二百上《安禄山传》中记载，安禄山在玄宗面前“作胡旋舞”。安禄山本是唐朝东北一带的杂胡，其生长环境中有很多西胡人，因此他深受伊朗文化熏陶②，擅长胡旋舞也就不足为怪。除此，胡人中或许还有会跳胡旋舞之男士③。由此来看，一概而论认为胡旋舞是女子舞蹈的这种说法至少很武断。只不过一般来说，胡旋舞主要还是女子的舞蹈。

四

那么“胡旋”到底是一种什么样的舞蹈呢？正如字面显示，那是出自胡地的“旋舞”——左旋、右转、回转的一种舞蹈。《通典》卷第一百四十六《四方乐》中记载康国之乐“舞急转如风，俗谓之胡旋”。《旧唐书》卷二十九《音乐二》中记载着同样的内容。前面已经说过，胡旋并非康国独有的特技，但是我们也足以知道那是一种像风一样急速旋转的舞蹈。《安禄山事迹》和《旧唐书》（如前）中用“疾如风”来形容安禄山跳胡旋舞时的姿态。白氏乐府诗《胡旋女》云④：

---

①缪荃孙编辑的《藕香零拾》本比《学海类编》本更好，但这里引用的部分没有异同。

②参见前面引用的桑原博士论文（第二篇）。其依据出自《安禄山事迹》和《旧唐书》卷一百八十五下《宋庆礼》等。

③《新唐书》卷九十九《李纲》中记载，隋末唐初安国（Bokhara）有舞胡出身的安叱奴，他是男子（参见前面引用的桑原博士论文［第二篇］第614页）。

④《白居易集》卷第三。

胡旋女，胡旋女。心应弦，手应鼓。
弦鼓一声双袖举，回雪飘飖转蓬舞。
左旋右转不知疲，千匝万周无已时。
人间物类无可比，奔车轮缓旋风迟。
……

元稹《胡旋女》中云①：

天宝欲末胡欲乱，胡人献女能胡旋。
……
胡旋之义世莫知，胡旋之容我能传。
蓬断霜根羊角疾，竿戴朱盘火轮炫。
骊珠迸珥逐飞星，虹晕轻巾掣流电。
潜鲸暗吸笡波海，回风乱舞当空霰。
万过其谁辨终始，四座安能分背面。
……

元稹的诗有几句不容易理解，但是诗中说出了用一种强烈气势来回旋是该舞的特色。段安节《乐府杂录·舞工》② 中记载，舞“有健舞、软舞、字舞、花舞、马舞”之别，相对于软舞曲，健舞曲中“有稜大、阿连、柘枝、剑器、胡旋、胡腾”。这种记述很有道理，像疾风般的旋舞应该属于健舞之列。钱易在《南部新书·已》中说“天宝末，康居国献胡旋女，盖左旋右转之舞也”，这虽有一些表达不尽完善的地方，却也简明扼

①《全唐诗》卷四百十九。
②据《守山阁丛书》所收本。其中既有该书编者钱先生的校语，也有逸文，是最好的一个版本。

要。除此，已故夏凡纳教授称，对“胡旋”的定义至今尚未获得明解，而且也无法确定其准确地对音为何，那为何还会有人曾认为这是个“国名”？博学的劳费尔博士也将其定为地名，把“胡旋”解读成 Khuarism（Xwārism）即花剌子模，把“胡旋女”译成 Dancing girls of Hu－süan 胡璇（Xwārism），这又是何故①？而日本的桑原博士已经指出了劳费尔先生翻译中的误区②。

五

这种舞是否只是飞旋急转？我认为应该包括两种，飞旋急转是一种，除此以外，舞者站在小圆毯上快速旋转也是一种。后者的确是其中一种，因为《乐府杂录·俳优》中，将“骨鹿舞”和“胡旋舞”都解释为“俱于一小圆毬子上舞，纵横腾踏，两足终不离于毬子上，其妙如此也”，由此便可得知③。而我又觉得，这两种舞蹈未必都是在圆毯上跳的，依据来自前面引用的元、白两人的乐府，因为那其中并未提及圆毯。

那么，舞者的服装又如何呢？杜氏《通典》卷第一百四十六“俗谓之胡旋”的康国乐中，“舞二人，绯袄，锦袖，绿绫浑裆袴，赤皮靴，白袴奴”，由此可见一斑。然而，《旧唐书》卷二十九《音乐二》中“锦袖”作“锦领袖”，“白袴奴”作“白袴帑”。且不说前者，单看后者就觉得还是《通典》的准确。

---

①B. Lanfer, *Sino－Iranica*, P. 494.

②《史林》5－3，1920年7月。

③宋代王谠《唐语林》（《守山阁丛书》本卷五）中记载“今乐人又有蹋毬之戏，作彩画木毬，高一二尺，女妓登蹑，毬宛转而行，萦回去来，无不如意。盖古蹋鞠之遗事也”，从中能见到一种游戏，那纯粹是踏毬而不是胡旋。

但是，这仅是出现在宫廷里的康国胡旋舞。传入民间的胡旋舞是否也是如此，这一点尚不明确。同样不明确的还有舞者的人数，总是两个人？有时也会一人独舞吧，抑或是还有三四人共舞的情况？当然，问题不仅仅是针对舞者的人数和服饰，为舞者伴奏的乐队是否也同样充满疑问？

说到伴奏的乐队，为胡旋舞伴奏的音乐究竟如何？这已经无从考证，因为当时的歌词和乐谱都没有流传下来。当时用的乐器包括“笛二，正鼓一，和鼓一，铜钹二”（《通典》卷第一百四十六，《旧唐书》卷二十九中“铜钹二”作“铜钹一”）。精通当时的音乐和乐器的人，应该能想象出个大概。但是否所有场合中的乐队都只有这几种乐器？这仍存疑问。白氏在乐府中吟“心应弦，手应鼓”，然而，刚才出现的那些乐器中却没有一个像弦乐器。这首乐府中的“弦”是琵琶，阮咸，还是箜篌？虽未可知，但总归弹奏的应该是某种弦乐器。或许有人会批评我对诗句进行无用的解释，但仅仅将其视为作者的修辞技巧又是否得当？

顺便再谈一下乐工的服饰。同样据《通典·康国乐》中记载“康国乐二人，皂丝布头巾，绯丝布袍，锦衿褾”（丝棉或丝麻的混合织物叫作丝布），但在《旧唐书》中，“二人”作“工人”，“衿褾”作“领”。至少可以说“二人”是《通典》的一处错误（更确切地说应该是通行本中的错误），写作“工人”是正确的（这一点前后通读一下就会发现。而且如上所述使用的乐器有好几种，从这一点上也可以清楚地看出写作“二人”是错误的）。

六

表演舞技和演奏乐曲时，舞者或者乐人唱出的歌词是胡语还是汉语呢？当然，特殊情况两种皆有可能，但一般情况下想必都是胡语吧。这在咏叹深受人们喜爱的胡地特技的诗歌中能找到明证。“胡腾”与“胡旋”关系最近，是一种跳跃式的舞蹈，中唐诗人李端有诗云：

胡腾身是凉州儿，肌肤如玉鼻如锥。

桐布轻衫前后卷，葡萄长带一边垂。

帐前跪作本音语，拈襟搅袖为君舞①。

……

诗中道出了“本音语”。虽出自凉州，但在这个西胡聚集的地方，诗句中的“肌肤如玉”已经清楚地道出了跳舞的是胡人。同样，中唐诗人刘言史在《王中丞宅夜观舞胡腾》② 中，也道出了跳胡腾舞的舞者中有从遥远的中亚来到中国的人。

石国胡儿人见少，蹲舞尊前急如鸟。

……

石国是中亚 Ferghāna 的 Tashkend，出身于这个地方的舞者，大概会用当地的土话也就是“本音语”来边唱边跳胡腾舞吧。

果真如此的话，《通典》卷第一百四十六《四方乐》末段中记载的

---

①为谨慎起见，此处摘出全诗，这可以为推想何谓“胡腾”提供一条线索。参见本页注②引用内容。

“胡腾身是凉州儿，肌肤如玉鼻如锥。桐布轻衫前后卷，葡萄长带一边垂。帐前跪作本音语，拈襟搅袖为君舞。安西（敦煌附近）旧牧收泪看，洛下词人抄曲与。扬眉动目踏花毡，红汗交流珠帽偏。醉却东倾又西倒，双靴柔弱满灯前。环行急蹴（慢慢地旋转，快速地踢）皆应节，反手（互相交叉）叉腰如却月（镰刀形月）。丝桐（用丝桐做成的乐器）忽奏一曲终，呜呜（声响）画角（用作装饰的角，圆号，乐器）城头发。胡腾儿，胡腾儿，家乡路断知不知?”（《全唐诗》卷二百八十四《胡腾儿》）

②全诗如下引。王中丞（武俊）是契丹出身的藩镇，《旧唐书》卷一百四十二、《新唐书》卷二百一十一中有关于他的传记。

“石国胡儿人见少，蹲舞尊（酒樽）前急如鸟。织成蕃帽虚顶尖，细氎胡衫双袖小。手中抛下蒲萄盏，西顾忽思乡路远。跳身转毂（疑为像车轮一样转）（戴铃铛）宝带鸣，弄脚缤纷锦靴软。四座无言皆瞪目，横笛琵琶遍头促。乱腾新毯雪朱毛，傍拂轻花下红烛。酒阑舞罢丝管（弦乐器和管乐器）绝，木槿花西见残月。”从这首诗看，胡腾的舞者似乎是女子。唐教坊的小儿队中有醉胡腾队，应该全是女子。（《全唐诗》卷四百六十八）

“又有新声自河西至者，号胡音声，与龟兹乐、散乐俱为时重，诸乐咸为之少寝”，这胡音声是否可以认为是用胡语来唱的一种新的音乐呢？当然这里的新声等于胡音声，指的是一种新颖的曲调及其胡国风格。如前所述，如果真有史实可以佐证的话，那这样的一番推论或许可以成立。假设真有这种事情，那我们倒不妨想象一下，如元、白两人《西凉伎》等乐府诗中所吟，也许真的有人用本国的语言来感慨地歌咏叙事吧。这些都是我的想象，缺乏确凿的证据。缺少证据是指没有文献上的支持，但没有文献并不能说明那样的事情就绝不存在。照此想来，上述的想象都是一些无用且滑稽的空想，似乎应该丢弃掉。姑且认为那样的情况也曾存在过，这难道不能得到大家的一些认同吗？愿有朝一日有学识渊博者赐教。

七

最后我们再来看一看，有没有什么东西可以让我们更具体、更直观地想象一下跳“胡旋舞”时的情景。在这个问题上至今没有确凿证据，我想这种说法应该更准确。唯一的一个例证是 Herber Müller 曾指出过的①，据传在端方原先收藏的秘籍中有一张尉迟乙僧画的“天王像”②，这张画像的下方画的好像是跳“胡旋”的舞女和伴奏的乐工。这虽不是特别强力的佐证，但就像对绘画鉴赏独具慧眼的 Müller 先生观察到的那样，画中的舞女用右脚撑起全身的重量，饱含力量却又动作轻盈，似乎跳的正是回旋之舞。但是，画中的舞女并未穿鞋，裸足再加上她是一人独舞，还有乐工的

---

①Der Devaraja des Wei－ch' in I－seng.（Hirth－Festschrift，Ostas. Zeitschr，1919—1920），ss. 30 ff.

②首次在有正书局《中国名画集》第二辑中，作为玻璃版登出（1909 年），还转载在中村不折、小鹿青云的《中国绘画史》（1913 年）中，在前面 Müller 先生的论文中也有复制。Müller 先生用白描的手法清楚地画出舞女和乐工，并把她们一起放在论文里（s. 303，Abb，1－3）。正如 Müller 先生指出的那样，舞女铺的圆形的毡（毛织的席子）似乎是伊朗方面的特产（Müller，op. cit，s. 308），这应该是唐朝时期经常由粟特奉献来的“舞筵”之一。

人数和乐器的种类，这些都和《通典》等史籍中关于“胡旋”的记述有出入。然而如前所言，这或许是在非宫廷、非正式场合下出现的情景，也并非完全无法想象。就像白氏的《胡旋女》，琵琶伴奏也出现在了胡旋舞中。

也并非只有上述这一幅画让人觉得画的是“胡旋”，只不过其余都没有这幅画画得那样明确，在此不再细说。为了能有更多的好学之士来研究它，在此略记一笔。在敦煌石窟壁画和当地发现的一些佛画中，有些本尊的面前画着一队伴奏，还画了很多在台上独舞或者跳双人舞的女子①。其中一幅（Stein，Ruins of Desert Cathay，Ⅱ，fig. 202 中看到的那幅）看起来最像旋舞，但从画面整体的构思和布局来看，是否是“胡旋”还不得而知。Müller 先生曾指出过，仅仅把画舞者的那种绘画笔力及其他进行对比，“天王像”呈现出强烈的动态感，而敦煌的那些画则呈现出深沉的静态感。这些画像可以用作绘画鉴赏的对比资料，但能否可以用来说明是“胡旋”舞姿，对此我十分没有把握。我想也许会有专业人士对此仔细观察斟酌，说不定从中可以获得我们希望得到的资料。所以请允许我多此一言。

〔附记〕文中第六节近结尾处引《通典》“又有新声自河西至者，号胡音声”，笔者认为按照岸边成雄的说法，将其理解为“胡风的（即西域风的）音乐”比较妥当。而李端诗中出现的“本音语”应该是指本国的语言。

---

①参见 P. Pelliot，*Les Grottes de Touen - houang*，I et seq；Stein，*The Thousand Buddhas* 等。

当垆的胡姬

一

李白《少年行》① 中吟：

五陵年少金市东，银鞍白马度春风。

①《分类补注李太白诗》（《四部丛刊》所收明代郭氏刊本）卷六（以下引用的李白诗全部出自本书）。《少年行》既然说的是“五陵年少”，那长安的景物自必不可少，“金市东”的“金市”是东西两市中，按照五行给西市相配的雅名。给这首诗作注解的人往往将其比方成六朝时代的洛阳南市（又名金市），这种做法其实并不恰当，这里不再多言。不说是西市但说是金市，这大概是诗人相对于银鞍所采用的语言技巧吧。崔颢《渭城少年行》中也出现了金市，五陵少年“双双挟弹来金市，两两鸣鞭上渭桥”，从前后文来看，这里出现的正是长安的金市（这首诗有些长，为慎重起见，仅摘出必要的部分，诗中展现出了长安春天一面：“长安道上春可怜，摇风荡日曲河边。……”见《全唐诗》卷二十四）。

长安的金市在薛用弱《集异记·王四郎》中也能见到，但这里指的不是西市，而是经营黄金工艺品的商店，两者不能混淆（我觉得《集异记》中的这个故事应该也转引在了《太平广记》里，但没有找到，此处出自商务印书馆编《旧小说》第 3 册第 318 页。另可参阅加藤繁博士《唐宋时期的金银研究》第 2 册第 596 页）。〔追记〕：其后，今神户大学志田不动磨教授告诉我，这一条收录在《太平广记》卷第三十五王四郎的故事里，引自《集异记》。我在看前一条齐映的故事时，错漏了这个故事。感谢志田。

学者在解读李白的这首诗时，往往会引用后汉辛延年的诗句“胡姬年十五，春日独当垆”，以此说明李白好像援用了那个故事，这有些牵强附会。就像本稿考证过的那样，唐代中国各地其实都有在住的胡姬，因此可以认为这首诗咏叹的只是作者眼前的真实情景，这样解读比较自然。

落花踏尽游何处，笑入胡姬酒肆中。

唐代长安的酒家里有胡姬待客，这是反映当时市井风流的一个不容忽略的社会面貌。街头的酒家里，浓妆艳抹的胡姬在夜光杯中斟满葡萄美酒，她们有着与平康三曲歌妓别样的风情，魅惑了不知多少贵公子和少年侠客。从他们“遗却珊瑚鞭”“章台折杨柳”① 判断，胡姬绝对不在少数。下面引诗两首。

何处可为别，长安青绮门。
胡姬招素手，延客醉金樽。
……

——李白《送裴十八图南归嵩山二首》之一②

……
双歌二胡姬，更奏远清朝。
举酒挑朔雪，从君不相饶。

——李白《醉后赠王历阳》③

后一首诗描述的不一定是长安之事，但从中我们可以想象一下胡姬的面容。唐长安城并没有青绮门之名，它是春明门的雅名。郦道元《水经·渭水注》中载，汉长安城东城墙自北第三门“本名霸城门，王莽更名仁寿门无疆亭，民见门色青，又名青城门，或曰青绮门，亦曰青门。门外旧出好瓜”④。唐长安城东城墙自北第三个门是延兴门，春明门是第二个门，可以说李白并

①崔国辅《长乐少年行》（《全唐诗》卷二十四）中云：“遗却珊瑚鞭，白马骄不行。章台折杨柳，春草路旁情。”章台指妓院。

②《分类补注李太白诗》卷十七。

③《分类补注李太白诗》卷十二。

④《水经注》卷十九（王氏校本）。

没有严格地引用汉代的雅名，诗中所见青绮门和李白《相逢行》① 中的青绮门，从整体意思来看应该指的都是春明门。

还有岑参《青门歌送东台张判官》② 为证，而且由此可知，那附近的酒肆里有胡姬陪客。这为解释李白之作里出现的是春明门又添了一个线索。

青门金锁平旦开，城头日出使车回。
青门柳枝正堪折，路傍一日几人别。
东出青门路不穷，驿楼官树灞陵东。
花扑征衣看似绣，云随去马色疑骢。
胡姬酒垆日未午，丝绳玉缸酒如乳。
灞头落花没马蹄，昨夜微雨花成泥。
黄鹂翅湿飞转低，关东尺书醉懒题。
须臾望君不可见，扬鞭飞鞚疾如箭。
……

青门即青绮门，此乃折柳送人归长安城东之处。又如“东出青门路不穷，驿楼官树灞陵东”，根据当时的状况可以确认，那便是春明门。总之，春明门、延兴门附近多酒楼，这一点确切无疑③。在唐都长安的街巷，胡姬们把京城名酒“西市腔”“郎官清”，还有来自波斯的特产“诃黎勒”

---

①《分类补注李太白诗》卷六。“朝骑五花马，谒帝出银台。秀色谁家子，云车珠箔开。…… 蹙入青绮门，当歌共衔杯。……”清代王琦在《李太白全集》中，比较了与明代杨慎《杨升庵外集》的文本异同，说前者中“蹙入青绮门，当歌共衔杯”在后者中作“娇羞初解佩，语笑共衔杯”。

②《全唐诗》卷一百九十九。

③唐代小说中通常都能见到此类。比如，据称由沈既济所作的《任氏传》等（文中的一条说，约好在新昌里一起喝酒。新昌里在延兴门旁边）。另请参阅韦庄《延兴门外作》（《全唐诗》卷六百九十五）。

“毗黎勒”“菴摩勒”等醪酒①，倒入用玛瑙、琥珀制成的酒杯中，周旋于酒席之间，这一点也基本确切无疑。

二

酒楼的胡姬多数容貌艳丽。李白又有诗吟：

琴奏龙门之绿桐，玉壶美酒清若空。
催弦拂柱与君饮，看朱成碧颜始红。
胡姬貌如花，当垆笑春风。
笑春风，舞罗衣，君今不醉将安归？
（《前有一樽酒行二首》之二）②

此诗已经说出“胡姬貌如花”，而这组诗的“之一”吟③：

春风东来忽相过，金樽渌酒生微波。
落花纷纷稍觉多，美人欲醉朱颜酡。
……

①《唐国史补》卷下（《学津讨原》本）中记载“酒则有……京城之西市腔、虾蟆陵郎官清、阿婆清”，接下来是“又有三勒浆类酒，法出波斯。三勒者谓菴摩勒、毗黎勒、诃黎勒”。菴摩勒应该是梵语 amalaka，同样，毗黎勒是梵语 vibhitaka，诃黎勒是梵语 halitaki 的中古波斯语（Pahlavi）音译。其中，诃黎勒是所谓吐噶喇语（Tocharisch, tokharien）中的 arirak 语形。唐代前后波斯语的原形还大致能够想象得出，但其他却缺少线索。中古波斯语中，菴摩勒有可能是 amarak，而毗黎勒也有可能是 vilila 这种形式。这两个词在新波斯语中分别是 amola 和 balila（cf. B. Laufer, *Sino - Iranica*, P. 375）。劳费尔引用了宋代窦苹《酒谱》，没有采用《唐国史补》，这很可惜（虾蟆，一种解释为虾蟆陵，在长安东南郊）。

②《分类补注李太白诗》卷三。

③《分类补注李太白诗》卷三。

透过这两首乐府，完全能够想象得出酒至微醺、朱颜酡红的胡姬的风姿，“当垆笑春风”，红唇微绽，而唇边也流露出醉人的酒窝。

胡姬深受长安城文人墨客的追捧，渐渐连世人也耳熟能详，甚至还被拿来作为诗歌的名称，由此可见其俘获人心之程度。盛唐诗人贺朝的五律《赠酒店胡姬》① 有：

胡姬春酒店，弦管夜锵锵。
红氍铺新月，貂裘坐薄霜。
……

中唐诗人杨巨源《胡姬词》② 有：

妍艳照江头，春风好客留。
当垆知妾惯，送酒为郎羞。
……

这些诗句中吟咏的都是胡姬。同时期的施肩吾有一首七绝《戏郑申府》③：

年少郑郎那解愁，春来闲卧酒家楼。
胡姬若拟邀他宿，挂却金鞭系紫骝。

还有中唐人章孝标的《少年行》④ 也是不容忽视的一首：

---

①《全唐诗》卷一百十七。全文是：“胡姬春酒店，弦管夜锵锵。红氍铺新月，貂裘坐薄霜。玉盘初鲙鲤，金鼎正烹羊。上客无劳散，听歌乐世娘。”

②《全唐诗》卷三百三十三。全文是：“妍艳照江头，春风好客留。当垆知妾惯，送酒为郎羞。香渡传蕉扇，妆成上竹楼。数钱怜皓腕，非是不能留。”

③《全唐诗》卷四百九十四。

④《全唐诗》卷五百六。

平明小猎出中军，异国名香满袖薰。
画榼倒悬鹦鹉嘴，花衫对舞凤凰文。
手抬白马嘶春雪，臂竦青骹入暮云。
落日胡姬楼上饮，风吹箫管满楼闻。

自南北朝至唐代，在人们喜爱传唱的乐府《白鼻䯄》中，胡姬的登场一点也不稀奇。如李白的《白鼻䯄》① 有：

银鞍白鼻䯄，绿地障泥锦。
细雨春风花落时，挥鞭直就胡姬饮。

张祜同题乐府②有：

为底胡姬酒，长来白鼻䯄。
摘莲抛水上，郎意在浮花。

虽不敢断定这些乐府描写的都是长安城中的景物，但却完全能够想象，至少在文人墨客之间，胡姬是深受喜爱的。

---

①《分类补注李太白诗》卷六。䯄指黄马，嘴黑。关于“绿地”有各种说法，其中很多将其作地名，我对此很怀疑，我认为可以解释成“底色是绿色”，不知可否?“障泥”是蔽泥之意，指的是马肚子上戴的挡泥板。有一个故事说，汉武帝得大宛名马，给它戴上绿色的挡泥板（《西京杂记》)。《白鼻䯄》是乐府名，很传统，但这首诗可以看作是将眼前的实景诗歌化了。

②《全唐诗》卷十八。这首诗也称是姚合之作（《全唐诗》卷五百二)。诗读起来有些费解，我为此请教过京都帝大的仓石武四郎博士。第二句“长来白鼻䯄”中的“长来”，“长”是肥胖、成长之意，“来”和近代的“了”一样是助词，和第一句合起来可以理解为“为什么胡姬的酒能把白鼻的䯄养得又高又大”之意。大概说的是公子们经常骑着这种马到酒肆来，马也就跟着吃饱了肚子这层意思吧。可惜这方面没有得到博士的指点，我只能通过学友的介绍来进行理解，这难免会造成理解上的错误，我希望这不要给博士带来麻烦。博士还说，第三句“摘莲抛水上”的“莲”字和“恋”字同音，是双关语。

三

那么，这些胡姬到底来自何方？从唐朝跟“胡”有关的词汇用例来看，突厥、奚、契丹等北狄属于胡，从西域诸邑到粟特、波斯、大食等西域人也属于胡，就连印度人也常被称作胡，蒙古族、土耳其族、伊朗族甚至闪族（SEM），均被称为胡。这些只是单纯的称呼，其中并没有什么标准来加以区别。但是，诗歌中的胡姬基本可以认定是北狄女子。北狄女子中确实有人作为人质或政治联姻的牺牲品来到唐朝宫中①。而那些在红尘街巷中过完一生的北狄女子又有多少呢？传陈鸿撰《东城老父传》描述了中唐时期的事情，说“今北胡与京师杂处，娶妻生子。长安中少年，有胡心矣”②。这指在京的北狄男子娶了中原女子生下混血儿的事情，以及京城杂居的北胡只接近男子的事情。即使有些北胡妇人来到或居住在京城，但曾经在苍茫的朔北草原上过着贫穷生活的她们，能有什么样的姿色可以吸引到京城的年轻的纨绔子弟呢？前面那些诗句中描写的胡姬，仍是当时擅长“胡旋”“胡腾”“白题”等舞蹈的名角③，还有那些来自粟特等地的舞女，把她们看作是伊朗的女子，应该是最妥当的。唐代的“胡”通常指的是北狄西戎，有时还会用来特指粟特诸国，即所谓“昭武九姓”诸国，这已是人尽皆知的事实④。照此说来，“胡姬”当指具有伊朗血统的妇女（陆龟蒙的乐府《敕勒歌》“敕勒金帻壁，阴山无岁华。帐外风飘雪，营前

---

①参见羽田亨博士《唐故三十姓可汗贵女阿那氏之墓志》（《东洋学报》3－1），还有 P. Pelliot, “La fille de Mo－tch’o Qaghan et ses rapports avec Kül－tegin,” *T’oung－Pao*, 1912, pp. 301－306.

②《东城父老传》（《太平广记》卷第四百八十五所收）。

③胡旋、胡腾见本书所收拙稿《“胡旋舞”小考》。“白题”出现在杜甫的诗中：“马娇朱汗落，胡舞白题斜”，应该是胡国的舞蹈名称，也有作白额头之解的。但白题是南北朝时期与南朝交好的一个中亚国家，或者是沿吐噶喇中心 Bakhdi（Balkh）这一带的名称，白题之舞可以认为是该地区的舞蹈（参见顾炎武《日知录》卷二十七）。

④参见拙稿《“胡旋舞”小考》。

月照沙。羌儿吹玉管，胡姬踏锦花”① 里的“胡姬”，不可否认指的是北狄女子。退一步讲，唐代靠近蒙古的土耳其族里具有伊朗血统的西域人，往来于此或在此居住的人不在少数。结合这一点来看，在花毯上舞蹈的女子应该是白肤碧眼的胡女）。

要想知道酒楼里的胡姬来自何方，酒肆里的胡雏可以提供一些线索。李白《猛虎行》② 中吟：

> 溧阳酒楼三月春，杨花茫茫愁杀人。
> 胡雏绿眼吹玉笛，吴歌白纻飞梁尘。
> ……

这描述的是溧阳（江苏镇江附近）的情景，本不是发生在长安，但这首诗证实了碧眼的胡人少年在酒家吹奏管弦、增添雅兴。单说“胡雏”，也可指蒙古、土耳其等阿勒泰地区的少年，这和“胡姬”相同。用这个词来专指西域人，在唐朝似乎很平常。刘禹锡用太湖石的坑洼来形容西胡眼窝深陷，从“嵌穴胡雏貌”③ 来看，胡人、胡雏无外乎是用来形容深目高鼻的词语。这种用法并不少见，如李贺（长吉）的乐府《龙夜吟》④：

> 鬈发胡儿眼睛绿，高楼夜静吹横竹。
> 一声似向天上来，月下美人望乡哭。
> ……

①《全唐诗》卷二十九。

②《分类补注李太白诗集》卷六。有人说这首诗不是李白之作，我认为这种说法不可信（参见《续国译汉文大成》）。

③《全唐诗》卷三百六十三《和牛相公题姑苏所寄太湖石兼寄李苏州》。

④《全唐诗》卷三百九十四。

玉堂美人边塞情，碧窗皓月愁中听。
寒砧能捣百尺练，粉泪凝珠滴红线。
胡儿莫作陇头吟，隔窗暗结愁人心。

这首乐府清楚地道出了胡雏是卷发碧眼的小儿。李白《上云乐》中的“康老胡雏”，也是一副“碧玉炅炅双目瞳，黄金拳拳两鬓红”①的风貌，这符合西胡碧眼、金发、红鬓的特征。近来一部分学者提出，安禄山也是混杂着伊朗血统的人，果真如此的话，有两三个例子把他视作胡雏②，应该也是属于上述情况。

---

①《分类补注李太白诗》卷三。梁武帝时，西方一个叫文康的碧眼高鼻的老胡前来贺天子万寿，周舍作诗记载了这一事情，而李白仿这首诗作了这一首《上云乐》，诗中借用旧词咏叹了唐肃宗时西胡来朝为天子献寿一事。通读全篇便能明白，这里的“胡雏”一词既可以指西域金发碧眼的少年人，还可以指老人，这一实例完全能够说明。

而作为“胡雏”的用例，在据称是唐代蒋防作的《霍小玉传》(《太平广记》卷第四百八十七所收）中到底指西胡还是北胡，尚不清楚。岑参《酒泉太守席上醉后作》(《全唐诗》卷一百九十九）中的“羌儿胡雏齐唱歌”，或许指的是北狄族，“琵琶长笛曲相和”也说明应该是像酒泉那样有很多西胡的地方，西域乐器琵琶的出现说明，相对于羌儿而言，胡雏是西域族。岑参《卫节度赤骠马歌》(《全唐诗》卷一百九十九）中的“紫髯胡雏金剪刀，平明剪出三鬃高”，明确指的是伊朗胡人。“三鬃”是三花，还有五花等说法，应该指的是把马鬃编成三束（或五束）。起源问题且另当别论，总之这是唐朝时期伊朗的风习。耿纬《凉州词》(《全唐诗》卷二十七）中的“毡裘牧马胡雏小，日暮蕃歌三两声”，应该指的是北胡或藏族的牧童吧。

②参见原田淑人博士《西域发现的绘画中所见服饰研究》(1925 年，第 74—75 页）和桑原博士《隋唐时代往来中国的西域人》(《贺内藤博士六十寿辰纪念中国学论丛》，第 624—626 页）。我很早以前就觉得安禄山不是具有很多伊朗血统的人，这一点和前面两位博士并没有太大出入。如果李白《幽州胡马客歌》(《分类补注李太白诗集》卷四）像久保天随博士解释的那样，咏叹的是安禄山（《续国译汉文大成》)，那“幽州胡马客，绿眼虎皮冠”中的主人公也应被看作是伊朗人。李白应该亲眼见过安禄山，如果久保博士的说法是正确的，那这就是证明安禄山有伊朗血统的最有力证据了，但我还是感觉博士的说法缺乏依据（梁鼓角横吹曲《幽州胡马客歌》，其内容和李白的这首诗有很大不同。李白只是由梁代歌曲借了个题名，应该还是李白对当前的事态有感而发的一首诗）。唐代诗人总是直接或间接地用胡雏来指称安禄山，如果他的伊朗血统能够搞清楚，那上述例子中的胡雏就都可以认为是西胡。刘禹锡《读张曲江集作·序》中云“识胡雏有反相”(《刘梦得文集》卷二），李白在《经乱后将避地剡中，留赠崔宣城》中云“双鹅飞洛阳，五马渡江徼。何意上东门，胡雏更长啸”(《分类补注李太白诗》卷十二。此诗是用石勒来代指安禄山）。

至于酒家里出现的西胡乐工，将其划分至当垆的胡姬或者来自西方伊朗的歌妓、舞女一类，应该也没有什么特别的不妥。

四

中国唐代是一个充满异国情调的时代。开元天宝以后这种异国倾向趋势更加浓烈，长安已成为胡风、胡俗蔚然成风的一大中心地。《旧唐书·舆服志》中记录了开元天宝以来胡服、胡帽、胡屐、胡食、胡乐的流行，如“太常乐尚胡曲，贵人御馔，尽供胡食，士女皆竟衣胡服”“开元初，从驾宫人骑马者，皆著胡帽，靓妆露面，无复障蔽。士庶之家，又相仿效”。还记录了妇人自开元以来都穿线鞋、胡屐（靴），姚汝能《安禄山事迹》① 记“天宝初，贵游士庶好衣胡服，为豹皮帽，妇人则簪步摇，衩衣之制度，衿袖窄小。识者窃怪之，知其（戎）〔兆〕矣”。这种流行之风当然不会只局限在京城，但从以上文献可以得知，流行的中心确实是天子脚下的京城。后来元稹在《法曲》② 中吟唱：

> 自从胡骑起烟尘，毛毳腥膻满咸洛。
> 女为胡妇学胡妆，伎进胡音务胡乐。
> ……
> 胡音胡骑与胡妆，五十年来竞纷泊。

王建在《凉州行》③ 中不仅咏叹了边塞地区胡人汉化的风气，也咏叹了中土上下汉人胡化之风的浓烈，诗以“洛阳家家学胡乐”收篇。这种情

---

①《安禄山事迹》卷下（《藕香零拾》所收本）。这本书和《旧唐书》中的胡服、胡装，详见前出原田博士书第 71—76 页。

②《元稹集》卷第二十四。

③《全唐诗》卷二百九十八。

形不光是在洛阳，也传到了都城长安。元稹的好友白居易也在《时世妆》[1]的末尾，道出了京城妇女连发型和眉形都受到胡风熏染的情境：

元和妆梳君记取，髻堆面赭非华风。

不用说，这里的“胡风”指的是来自西方伊朗人的各种兴趣爱好。妇女骑马的习俗，其中有不少是由北方的阿勒泰族传播而来[2]。即便是西域诸国的风俗，汉人妇女也是直接跟北族模仿，这样的例子也不止一两个。但另一方面不可否定的是，有很多文物也从西方中亚、西亚直接传入了中国，例如音乐和舞蹈，大部分都是随着演奏者和舞者从西方传到中国的[3]。北族带来的胡风，受到了唐朝人士的喜爱，人们竞相模仿这股胡风。出现这种情形的其中一个原因，是伊朗方面的兴趣爱好大量传入唐朝，这一点几乎可以肯定。唐代长安、洛阳洋溢的这种异国倾向，其主流要从伊朗文化，具体是波斯萨珊王朝文物及其祖先遗留下的印记中去发现寻找。在当时，当垆的胡姬之所以那样受到欢迎，想必也是因为其是上述遗风当中的一种[4]。

---

①《乐府诗集》卷第九十九。

②参见原田博士《唐代女子骑马士偶》（《考古学杂志》8-8，1918年）。

③参见桑原博士前揭论文和向达《唐代长安与西域文明》（北平，1933年）第五章。

④能直接展示胡姬风姿的绘画、泥像等今已无存，十分遗憾。泥人中有胡装打扮的女子，但几乎都是中国妇女形象。1931年10月25日，东美俱乐部展出了江藤涛雄的收藏品，在展品中，我看到了一个名为“唐回回美人俑”的泥像。被称作什么什么回回的，大都是古玩店随意取的名称，不可取。那个泥像面部虽不温柔婉约，但从身高、姿态和服装，还是可以认为那是所谓的胡姬之辈。如果只是伊朗籍或是其他印度、西欧血统的西域妇人像，在勒科克等几位先生对于阗、高昌等地的挖掘报告中，能见到一两幅描画那些妇女的唐代壁画。于阗出土了描绘蚕种西传故事的画，那其中的胡姬具有公主一般的面貌，如果在唐的胡姬都是如此面貌的话，那当时都城人喜爱胡姬便有理可循了（Stein, *Ancient Khotan*, Ⅱ, PI. LXII）。近代波斯的插图画中出现的美人，其年代要晚得多，这里不再讨论。

追　记

（1）晚唐诗人温庭筠有一首七律《赠袁司录》（秀野草堂刊《温飞卿集》卷四），其中也出现了胡姬。作者在自注中说："即丞相淮阳公之犹子，与庭筠有旧也。"翻开《新唐书·宰相世系表》也找不到淮阳公，还有"和袁某很早起就是朋友"，这到底是一种什么样的关系，也不十分清楚。诗中引用了很多故事，既有我知道的，也有我不了解的，这方面还要等大家告诉我。全文如下："一朝辞满有心期，花发杨园雪压枝。刘尹故人谙往事，谢郎诸弟得新知。金钗醉就胡姬画，玉管闲留洛客吹。记得襄阳耆旧语，不堪风景岘山碑。"最后两句我觉得也许和羊祜、杜预有关，和堕泪碑有关联，但尚未获得明解。"司录"是"司禄"之误，大概是官名。这些疑问到底如何解开？

（2）胡姬里偶尔也会出现面容丑陋之人。咸通年间范摅《云溪友议》中引用的，传陆岩梦作七律《桂州筵上赠胡予女》，便是其中一例，内容就不展开了。其中的胡姬容貌丑陋，歌声粗哑，"舞态固难居掌上，歌声应不绕梁间"。接下来有"孟阳死后欲千载，犹在佳人觅往还"，是说晋代张载（字孟阳）因写《剑阁铭》而出名，但传闻其因相貌丑陋，走在路上常招来小孩子用石块扔他。"死后千载"有些夸张，整体意思也是不清不楚。此诗依据《唐人说荟》，其中前四句"自道风流不可攀，却堪蹙额更颓颜。眼睛深却湘江水，鼻孔高于华岳山"，说明了这是眼窝深陷、鼻梁高挺的西域女子。

西域胡商重金寻宝

——唐代中国广为流传的一种传奇

翻阅唐朝或五代时期的小说和随笔，经常可以读到这样一种形式的唐朝故事：某人因一个偶然的机会得到一件宝物，多数场合下此宝物看上去极其普通，因此持宝人往往并不自知，直到遇见来自西域的胡商。胡商将其视为珍宝，不惜重金买走。

这就是故事的主要情节。当然，这是在众多类似的故事间进行比较而归纳出来的最基本的共同特征。如果仔细考察每一则故事，又会发现其细节都不尽相同。第一，得到宝物的过程分为多种情况，有些是原本就拥有的，有些则是偶然侥幸得到的。还有五六例是给他人提供帮助后收到的谢礼，这种情况对方往往是一个生病的胡人。一个外国人来大唐后生了病，这时某人照顾了他，作为一种回报，他赠给某人一件宝物，这样的情节可以见到三四例。而起初就被胡人告知有宝物、后又被赠予的例子，则非常稀少。第二，卖宝物给胡人的时候，作为买方的胡人往往自抬价格，最后花高价买下宝物，这种特色情节几乎存在于每个故事当中，当然极个别故事中没有。此种场合中，胡人最后还是经过一番交涉不惜重金买下宝物。有时故事中的胡人会砍价，结果并没出多少钱就买走了宝物，但那都是由于发生了特殊事件导致的。如果没有发生特殊的因由，胡人一定是要掏大价钱的（参见后文第 14 个故事）。另外，第 16、17、18 这三个故事，都缺少卖宝物给胡人的情节，为什么基本模式应该有的这最后一段情节，在这些故事里面却没有？这应该也是由某些事情导致的（在第16个和第18个故事中，得到宝物的人都是历史上真实存在的人物，而且都是身居要位的官员。以这样的身份，将宝物卖给胡人从中牟利有些不妥，这或许就是原因所在）。第三，当持宝人得知自己要卖出的是件宝物时，大多数持宝人都会向胡人询问宝物的来由，胡人也会做出解释。但也有不少故事没有这个情节。而所谓来由，通常都是宝物具有超常的魔力（Zauberkraft），能发挥奇异的能量。比如顷刻之间可以使沙漠中出现清水，或者宝物作为一种囮子，可以引来更多的宝物，又或者借助宝物的魔力，能够翻山越海直达宝物的集中营，诸如此类。也有两三个故事提及，这些宝物是西域某国的传国之宝，被该国遗失后正重金悬赏搜寻下落。第四，接着前面的情节，有不少故事最后发展成把宝物卖给了胡人。大多数故事中，胡人感知到了宝物的存在，特前去询问是否交易。前一种故事侧重于，持宝人认为胡商一定会买这种宝物，或者直接被胡商告知会来买这种宝物。后一种故事则侧重于胡商具有宝物感知力，能够感觉出宝物在何方。这些细节需留意。除此之外，在其余的一些旁枝末节上，各个故事之间也存在着种种不同，我暂且归结为以上几点。

这些故事在志怪传说学上具有何种意义？其他国家和民族有没有与此相似的故事？这些问题必然存在，但我对此却深感遗憾，因为不是这个领域的专家，所以无法回答这些问题，还需要请教相关方面的专家。仅凭个人经验，我似乎在别处还没有听到过此类故事。或许对追求解释的志怪传说学研究者能起到一点参考作用，或者仅仅作为单纯的一种故事有着让人难以割舍的地方，总之，我把自己力所能及收集到的故事翻译成本国文字后罗列在此。在史学家看来，这些故事是如何反映唐代史实的？或者反过来，这些故事容纳了多少当时的史实？对此我在故事的最后添加了一两处自己的看法，恳请各位指正。首先，故事罗列如下。

一、长安菩提寺僧侣卖与胡人“宝骨”

长安平康坊有一座菩提寺，因为李林甫宅院在其东邻，所以每次过生日的时候，李林甫总是请菩提寺里的和尚到家里来，设斋以此赞佛。有一回，李林甫施舍给一个和尚一副马鞍，和尚拿出去卖了七万钱。几年后李林甫又在家设斋赞佛，另一个和尚极力称颂李林甫的功德，希望得到丰厚的施舍。然而，他得到的东西长数寸，状如一枚腐朽的钉子（这东西本来是用香帕包好收在彩色的小木盒子里的）。他大失所望，接连数日都很沮丧。但是有一天他终于想明白了，像李林甫这样的大官不至于欺哄他，于是就带着那东西来到西市，拿给一个胡商看。胡商看到后非常吃惊，说：“上人，您是怎么得到此物的？您要愿意卖给我，我绝对不给您低价。”于是，和尚试着向他要价一百缗钱。胡人大笑道：“何止？”和尚便提高很多要到五百缗钱。胡人说：“此宝价值一千万缗钱。”说完便付钱给他。和尚打听此为何宝，胡人说：“这是宝骨。”

这则故事收录在段成式《酉阳杂俎》续集卷五《寺塔记上》中。《太平广记》卷第四百三《宝骨》也转载了这个故事（但两者之间多少存在着一些文字上的差异，而且，《太平广记》里有严重的脱漏。我参阅了《太平广记》诸多版本中公认为最好的，明代谈氏［恺］刻本、明代许氏［自昌］版本、清代黄氏［晟］版本、上海扫叶山房石印本等，但无一例外都存在脱漏。脱漏的部分是《酉阳杂俎》中的“商胡见之，惊曰：‘上人安得此物？必货此，不违价。’僧试求百千”这一段。不仅如此，这一部分和后面第 19 个故事情节有些交叉，导致第 19 个故事情节有些令人费解。这个问题至今无人提及，为慎重起见，我在此埋下一笔）。平康坊在长安左街，位于东市西北，因集中了很多名人宅院和名刹古寺而闻名于世，同时作为都城第一的歌舞区，聚集了能歌善舞精通乐曲的美艳歌妓，更是声名大噪。

二、杜陵韦氏获赠宝物于仙女，卖与胡人成巨富

杜陵有一个叫韦弇的人，开元年间参加进士考试没有考中，便寓居在蜀地游玩。蜀地多名胜，又恰逢暮春季节，韦弇和他的几位好友每天都赏花饮酒作宴。一天，有人来请他去蜀南十里处的郑氏林亭游玩。那郑氏林亭“端空危危，横然四峙，门用花辟，砌用烟矗”，韦弇到此，便无暇顾及别处，由衷感叹：“真是世外之境啊。”他见亭上有一行十几位仙女，各个“极具姿色”，就连身边跟从的那十来个侍女也都“纹绣杳眇，殆不可识”，便问：“这是何地？你们又是何人？”回答说：“这里是玉清宫，我们是玉清之女。因有一事相求，所以假借郑氏之亭让你来到这里。这里其实是仙府，因为是仙府，所以凡人不能在此久留，但是你在这里却没有丝毫妨碍。请在这里好好享受吧。”于是，众仙女令人在亭中设宴，“丝竹尽举，飘然泠然，凌玄越冥，不为人间声曲”。酒至酣处，众仙女说：“我们听说大唐天子崇尚神仙之道，我们有一支新乐曲，名叫‘紫云’，想献给大唐天子。你身为唐人，能否代我们把曲子呈现给天子呢？”韦弇回答说：“我一介书生，在长安城中只是区区一介草民，连天子的大门都望不到，何况我又不懂音乐，怎么能完成如此重托呢？”众仙女说：“既然你办不到，那我们就托梦传给天子吧。好吧，我们有三件宝物，现在要赠送给你，这几件宝贝能让你富比王侯，请收下吧。”于是，命左右取来那三件宝贝。首先拿出来的是一只杯子，色泽碧绿，晶莹剔透。仙女看着韦弇说：“这是碧瑶杯。”接着拿出来一个枕头，像玉却微微发红，告诉韦弇说：“这是红蕤枕。”又拿出一个小匣，说：“这是紫玉匣。”颜色发紫，像玉，但是比

玉还要莹澈光亮。仙女把三件宝物全部交给韦弇，韦弇拜谢之后便离去。走了不到一里地，回头一看，身后一片茫茫，哪里有什么亭台。韦弇感到非常奇怪，想来想去也不知道这是哪里，于是，他带着三件宝物回到了长安。第二年他又考试落第，东游至广陵，把三件宝贝拿到集市上，有一个胡人见到便下拜说："这是天下奇宝，尽管千万年了，但是从未有人得到过它。你是怎么得到的?"韦弇就把事情的经过告诉了他，接着问道："这是些什么宝物呢?"胡人说："这是玉清三宝。"最后胡人花费数千万买走了三件宝物。韦弇用得来的钱修建宅院，成为广陵的巨富，从此便不再求取功名。

这则故事出自张读《宣室志》，转载在《太平广记》卷第四百三中（据传由五代杜光庭所作《神仙感遇传》中也有这则故事，在文字上虽同《宣室志》有一些出入，但故事情节几乎没有变化。只不过《神仙感遇传》在最后添加了一段，说仙女如约在梦中传授给了玄宗皇帝那首名叫"紫云"的乐曲）。故事的前半段和本稿的关联不大，故省略了一部分。韦氏起先游玩的地点是成都，广陵当然指的是扬州。

三、临川岑氏卖白石与胡人成巨富

临川一个姓岑的人，有一次去山里游玩，看见水中有两块如莲子般大小的白色石头，忙跑过去把两块白石拿回家。他把两块石头放入箱子里，就在那天晚上，他做了一个梦，梦见两个白衣美女，称她们是姐妹，前来侍奉他。梦醒之后，他知道了这两块白石不寻常，从那以后他总把石头挽在衣带中。后来他到了豫章，有一个波斯胡人上前问他："你有宝贝吗?"他说："有。"说完，当场就把两块石头掏出来给胡人看，胡人要出价三万买下。岑氏虽然知道这两块石头是宝物，但他留着也没什么用，便拿上钱欢欢喜喜地把石头交给了胡人。岑氏用这钱开始谋生，逐渐殷富起来。只是他一直遗憾，不知道那石头的名字和用处。

这则故事出自南唐徐铉《稽神录》，转引在《太平广记》卷第四百四中。临川在江西鄱阳湖以南，原是抚州之地，现今仍为临川县管辖。豫章位于鄱阳湖的西北，是湖西的大都，今江西省会南昌的古名。

四、守盐船者得珠卖与胡人

苏州的华亭县（松江境内）有一座陆四官庙。元和初年，庙前停泊着几十只盐船。一次夜雨过后，守船人发现庙前有明光，仿佛一团火。他偷偷地窥视，只见一个长数丈、大如屋梁的东西用口在玩弄一团火，好像是要把这团火吞下去一样。守船人不知这是何物，就用一根竹篙远远地朝那东西打过去，那东西受惊钻入草丛中，可发光的东西仍留在原处。他上前一看，原来是一颗径寸的珍珠，光彩熠熠。这个人得到了宝珠，又怕这宝珠的光彩被人发现，就用衣服把宝珠包起来，但是光亮仍然能透出来，于是，这人想起宝物怕污秽，就脱下内衣来包裹它，果然遮住了亮光，从未被人发现过。守船人把宝珠拿到扬州胡人开的珍宝店里去卖，卖了好几千缗钱。他问胡人这是什么珠，胡人没有回答就走了。

这则故事出自《原化录》，转引在《太平广记》卷第四百二中。《原化录》应该就是皇甫氏撰的《原化记》吧。

五、乐安任项救老龙得宝珠卖与胡人得重金

建中年间，乐安有一个叫任项的人，他生来好读书，不喜欢尘寰俗事，居住在深山之中，希望在此度过此生。有一天，山里来了一个老翁。那老翁身穿黄色衣服，相貌不凡，只是看上去似乎有什么心事，神情沮丧。任项见此便向他询问原因，老翁说："我果真有一事相求。我其实不是人，是龙，住在这西边的一个大水池里。我现在有祸事临近。除了你，谁也不能让我摆脱死亡，不知你能否理解?"任项说："我只知道诗书礼乐，道术我一概不懂，根本没有办法能让你摆脱灾祸。"刚一推辞，老翁便说："不用借助其他道术，只劳你做几件事就可以了。"任项答应了下来。原来，有一个道士想弄干池水，把龙杀死吃掉，希望以此来修成仙果。任项按照老翁所说的去做，击破了道士的伎俩，救了化身老翁前来求助的老龙一命。回到山里的那个晚上，任项梦到前几天的那个老翁来向他致谢，说："感恩戴德无以言表，现在献给您一颗珍珠，请去池边寻找。"任项到池边一找，果然在池边草丛中找到一颗径寸的珍珠，光彩熠熠，温澈润洁，没人知晓它的价值。任项随后把它拿到广陵的市场上去，有一个胡人看到后说："这是真正的骊龙之宝，非世人所能得到。"胡人花数千万缗钱将这颗珍珠买走了。

这则故事记录在《宣室志》中，《太平广记》卷第四百二十一也有转载。原文中对于故事的前半，尤其是救老龙的部分记载得更加详细。但其中一部分内容和本文的目的不符，故进行了筛选，仅做了部分摘录。

六、长安西明寺僧卖与胡人珍宝“青泥珠”

武则天时，从西国献来的珍宝中有一枚青泥珠，拇指般大小，微微发青。武后不知青泥珠的珍贵，把它送给了西明寺的和尚，和尚把这颗珠子镶嵌在了金刚的额头上。后来和尚讲经，有一个前来听经的胡人见到了这颗珠子，就目不转睛地看，一连十几天，他总是凝视那颗珠子，对讲经却充耳不闻。和尚觉得定有原因，于是对胡人说：“施主想要买这颗宝珠吗?”胡人说：“如果您卖的话，我定出重金。”和尚起初要价一千贯钱，对方说太便宜，渐渐涨到一万贯钱，胡人还说便宜。最后以十万贯钱成交。胡人买到此珠后，剖开腿上的肉，把珠子藏入其中，然后回国去了。和尚向武后禀奏了此事，武后下令寻找这个胡人。几天之后，使者找到了这个胡人，问他宝珠在什么地方，他说已经把宝珠吞到肚子里了。使者要剖开他的肚子，他没办法，只好从腿中取出宝珠来。武后召见胡人问道：“你花重金买这珠子，要它何用?”胡人说：“西国有很多青泥泊，泊中有许多珍珠宝贝。但由于淤泥很深，人们无法将珍宝弄上来。如果把这颗青泥珠投到泊中，淤泥就会变成水，那些宝贝便可以得到了。”武后自此视青泥珠为宝贝，直到唐玄宗时这宝珠都还在。

这则故事出自戴孚的《广异记》，转引在《太平广记》卷第四百二中，流传至今。西国指的是哪里，这一点不太清楚，但据记载，同时进献来的贡品中还有毗娄博义天王的颌骨和辟支佛的舌头，因此我猜测或许指的是天竺国吧。“毗留博义天王”大概是“毗留博叉”的转误，梵语 Virupaksa 的音译，龙王的守护神之一，在唐朝被尊奉为二十四天尊之一。“辟支佛”是梵语 Pratyeka buddha 的省略，正确应该音译作“辟支迦佛陀”，是独觉、缘觉之意。这是修行至一定阶段后所获得的称号，并非是佛的名称。

七、扶风旅社主人卖与胡人门外方石

近世有一个波斯胡人，来到扶风的客栈，见到主人家门外有一块方形石头，就围着这块石头转悠了好几天不曾离去。主人问胡人为什么这样，胡人说他要用这块石头捶衣裳，还说他愿意出两千钱买这块石头，主人很高兴拿过钱把石头卖给了胡人。胡人把石头运出来，敲碎石头从中得到一颗直径过寸的宝珠。胡人用刀将自己的臂腋处剖开，将宝珠藏在里面，起程回国。在海上航行了十几天，船突然要沉没，摆船人知道这是海神知道船上有宝，前来索要的缘故，想必船上肯定有人带有珍宝，便在船中搜寻。但是没有找出什么能送给海神的珍宝，于是摆船人要把胡人扔下海去。胡人惧怕就剖开臂腋，把珠子献出来。摆船人念咒对大海说道："如果想要此珠，就来取吧！"海神便伸出一只毛茸茸的手，握着珠子没入水中。

这则故事出自戴孚《广异记》，同样转引在《太平广记》卷第四百二中，流传至今。扶风是长安西边的一个县。

八、长安大安国寺和尚卖与胡人水珠得重金

长安的大安国寺是睿宗皇帝做相王时的旧邸，他登基后在这里建了道场。做相王时他曾向寺中施舍一颗宝珠，当时放在常住库，说它价值亿万。寺里的和尚把宝珠放在柜子里，但却不认为这有多么贵重。玄宗皇帝开元十年，寺里的和尚因为有别的需要，打开柜门清数宝物，正打算将这宝珠卖掉，却见外面的函封上写着"此珠值亿万"。和尚们想知道里面是什么宝物，便一起把函封打开，只见里面是一个状如石头碎片样的东西，颜色赤

红，夜晚微微发光，高约几寸。和尚们一致认为：“这是一个普通的东西，怎么能值亿万呢？”于是决定卖一卖试试。一个和尚将此物拿到市中（长安东市或西市）去卖，想看看这颗珠子的价值。几天之内，有钱人打听过价钱，但等人家看了珠子后，就说：“这是块普通的石头罢了，和瓦砾没什么两样，干吗胡乱要价？”人们都嗤笑着离去，和尚也觉得不太光彩。十天之后，有人来问，知道此珠夜间发光，出价几千，珠子的价值越来越高了。一个多月以后，有一个西域的胡人到寺院来求宝，见到此珠大喜，不时戴在头上，十分喜爱。此人是胡人中的富贵者，他让翻译问这珠子的价格，和尚说：“一亿万。”胡人在手中把玩了半天，恋恋不舍地离去。第二天这个胡人又来了，通过翻译对和尚说：“此珠确实值亿万，但是我离开家乡很久了，现在只有四千万，能成交吗？”和尚挺高兴，领着胡人去见寺主，寺主答应了胡人。第二天，胡人拿四千万贯钱把珠子买了去，还对和尚说：“我付的珠价实在是太少了，请不要责怪。”和尚问胡人：“你从何而来？此珠又有何用？”胡人说：“我是大食国人。国王在贞观初年与大唐通好，作为贡物进献此珠。然而从那以后国王经常思念这颗珠子，一直想着重新取回它，说如有人能求得此珠并带回国，就授予他宰相职位。已经过了七八十年了，如今终于得到，真是太高兴了。这颗宝珠叫作水珠，每当行军休息时，掘地二尺，把珠子埋进去，泉水立刻会喷涌而出，可供几千人饮用。以前行军时从未受到过缺水之苦，可自从失去了这颗宝珠，军旅中常常愁苦没有水。”和尚不信，胡人便让人掘地埋起珠子，不一会儿四周便涌出清澈的泉水，和尚捧水尝了尝，才确信此珠灵异无比。胡人立刻带着珠子离去，不知去往了何方。

这则故事出自牛肃的《纪闻》，转载在《太平广记》卷第四百二中。大安国寺位于长安左街北端诸坊的中心——长乐坊，是一座很大的寺院。

大食指的是阿拉伯，这里不再赘述。

九、魏生得“宝母”，卖与胡人发大财

安史之乱时有一个人叫魏生，年轻时因门庭显赫，成为皇族友人。虽然家里累积了巨额财富，但由于他结交了不轨之徒，家境陷入穷困，遭到当地士族的排斥，为躲避乱世，他不得不带着妻子逃到了岭南。几年后世道太平，他这才返乡，坐船走到虔州地界，一场暴雨过后，他上岸眺望四方，忽见沙滩上腾地升起一道地气，高达几十丈。他寻着前去，见乱石之间有一块状如瓮片、手掌般大小、如石片一样的东西，一半青一半红，界限鲜明，他把它捡回来放进了书箱里。回到家乡后，旧居已经荡然无存，一个亲人也没有，而且他也没有钱财可以拿来谋求官职，便只好租借一处房子住了下来，生活困窘。这里的市场中有许多外国客商，而当中的胡人中也有他昔日的旧相识，大家可怜他，都送一些钱和布匹给他。胡人客商有时会举行“宝会”，按照胡人的习俗，每年都要举行一次与同乡相聚的大会，会上每个人都要展示自己的宝物，宝物多的人就戴上帽子坐在首席，其余的人则根据宝物数量多少依次排列就座，这就是宝会。胡人邀请魏生参加他们的宝会，魏生忽然想到了那个拾到的东西，就把它揣在怀里去了。他不敢说带了宝物来，若无其事地坐到了最后。酒饭之后，胡人们开始纷纷拿出自己的宝贝，首席的胡人拿出来四颗明珠，每一颗都有径寸之大，在场的胡人全都站起来，一齐向首席胡人稽首礼拜。其余依次展示出来，或三或两，全是奇珍异宝，个个都不寻常。轮到坐末，看到魏生胡人全都笑了，和他开玩笑说：“你也有宝贝吗？”魏生说：“有。”他取出怀中的石片，笑着说：“哈哈哈，就是这个东西。”在场的三十几位胡人全都站起来，扶起魏生把他推到首席上去，还一齐下拜面露惧色。魏生起

初还以为大家是在开玩笑，觉着很不好意思，后来知道了实情，甚是惊讶。更有一些年纪大一点的胡人见到此石后流下了眼泪。众胡人央求魏生出手这件宝贝，让他随便要价。魏生打算讨个高价，出口一百万钱，众胡人嗔怒道：“为什么要这么侮辱我们的宝贝呢?”魏生便再加价，一直加到一千万钱。他悄悄问一个胡人这宝贝叫什么名字，胡人告诉他说：“这是我们国家的宝物，因为战乱已经丢失三十多年了。我们的国王下令寻求它，说谁能找到此宝就封他为宰相。这次我们把它带回去，大家都能得到重赏，何止几百万钱!”接着，魏生又问这宝物有何用？胡人说：“这是宝母啊！每月的望日，国王要亲自到海岸设坛祭奠，把此宝放到祭坛上，只消一个晚上，各种珍珠宝贝就会自动聚拢而来，所以叫作‘宝母’。”魏生这一次获得的钱财是原先家产的几倍。

这则故事出自皇甫氏《原化记》，转载在《太平广记》卷第四百三中流传至今。故事中没有交代魏生的籍贯，只提到“历任王友”，为避安史之乱逃往岭南。那他会不会是长安、洛阳一带的人呢？文中说市肆的胡客中有很多是他的旧识，参考其他与此类似的故事情节，我愈发觉得这像是发生在长安的事情。当然从故事本身来看，这件事无论发生在哪里，都似乎并无不妥。不论长安、洛阳，或是南昌、扬州甚至虔州以北，只要是胡商来往频繁的地方就可以。虔州是现今的赣州，位于江西省西北隅，这里布满了从离广东省最近的岭南去往北边，或是从北方去往岭南的船只（李翱《来南录》中详细记载了这条水上交通道路，《说郛》等中也有收录，敬请参考）。

十、冯翊严生得“清水珠”卖与胡人

冯翊郡的严生，家在汉南。有一次他游览岘山时得到一样东西，这东西状如弹丸，色黑，体大，发光，仔细看清澈透明得像块冰一样。严生把它拿给人看，有人说这是一颗珍珠。严生给它起名叫“弹珠”，平常放到箱子里。之后有一次严生游长安，在春明门遇到一个胡人，那胡人拉住他说：“您身上带有奇宝，能让我看看吗?”严生就把弹珠拿出来给他看。胡人捧着珠高兴地说：“这是天下的奇宝呀，我愿意出三十万钱买它。”严生问道：“这宝贝有何用？你为什么要花这么大的价钱买它呢?”胡人说：“我是西国人，此珠是我国的至宝，我们国家的人叫它清水珠。如果把它放到浑水里，水就会变清澈。此宝丢失已经三年多了，我们国家的井水和泉水全都浑浊了，国人都病了，所以才翻山过海来中夏找它。现在终于可以从你手中得到它了。”胡人立即让人给一个桶里倒入浑水，把珠子扔进去，不一会儿，水就变得清澈明亮。严生于是把珠子交给胡人，拿着三十万钱走了。

这则故事记载在张读《宣室志》中，收录在《太平广记》卷第四百二中。冯翊是三辅之一，即今陕西大荔。汉南指湖北宜城，本属襄阳府管辖。岘山位于襄阳南边，是晋代羊祜经常游览的一座山，在其死后，山上因修建了他的纪念碑而出名（因缅怀羊祜的碑文充满悲怆，故被称为“堕泪碑”）。长安的春明门是东城墙北起第二座城门，相当于日本京都的“三条口”，是自东边进入京城的“孔道”、必经之门，人来人往热闹非凡。

十一、某士人卖珍珠与胡人

咸阳岳寺后面有一顶北周武帝的头冠，上面镶有一颗冠珠，大如瑞梅，但是历代都没有把这颗珍珠当作宝贝。武则天时，有一位士人经过岳寺，见到这颗珍珠，觉得好玩就把它取了下来。恰逢天气炎热，他走到寺门换衣服，把珠子裹在脱下来的衣服里，放在金刚脚下，结果走的时候忘记拿了。第二天他上路去扬州收债，途中宿在陈留客栈。夜间他听到胡人斗宝，就抱着衣服出来看，结果说出了王冠上的那颗缀珠。几位胡人大惊道：“早就听说中国有此宝贝，我们此次来就是为了寻它。”士人说：“可惜我忘了拿。”胡人都感到遗憾，说：“如果你能把它带到这儿来，定当重谢。听说你现在要到扬州去，要收多少债？（意思是要把债金给他）”士人说只要五百缗钱，几位胡人便给了他五百缗钱，让他回去取那珠子。士人又来到金刚脚下，珍珠还好端端地放在那里。他拿着珠子回去找胡人，几位胡人见到后十分高兴，一连饮酒欢乐了十多天，方才谈到买珍珠的事，问士人想要多少钱，他要价一千缗钱。胡人大笑道：“那太委屈这颗宝珠了。”几个胡人一合计，定价为五万缗钱。几个胡人凑钱买下这颗珠子，又邀士人和他们一起到海上去一趟，看看此珠的真正价值，士人就和胡人一起到了东海岸边。一胡人用银锅煎醍醐，又用金瓶盛着那颗珠子，放到醍醐里重煎。煎了七天，出现了两位老人还带领着数百人，拿着许多宝物，来到胡人处，想赎那珠子，胡人坚决不答应。过了几天，他们又带着堆积如山的宝贝来赎，可胡人还是不答应。三十多天以后，那些人散去了，来了两位龙女，长得洁白端丽，投身到盛珠子的瓶中，珍珠和龙女混合形成药膏状的东西。士人问：“那些要买珍珠的都是些什么人?”胡人说：“这珍珠是贵宝，必须有两个龙女卫护。诸龙爱怜女儿，所以才用许多宝物来赎。我所求的是广度世间，难道还会贪恋人间的富贵吗?”于是，胡人把那膏药涂在脚上，离开船在水面上行走。其他胡人纷纷说道：“我们共同买下这颗珠子，为什么他独占了好处？他走了，我们回哪里去啊?”那涂了醍醐的胡人让他们用所煎醍醐涂船，说涂后可遇顺风回家，众人照办，果然如他所言。只是那涂了醍醐的胡人后来去了哪里，不得而知。

这则故事出自戴孚《广异记》，转引在《太平广记》卷第四百二中。笔者对咸阳岳寺知之甚少，但仅从字面来看，应是距离陈留一日多距离的一座寺院。传本中似乎依然存在文字上的勘误，以致有一两处地方文意不明。而且，各传本之间也有文字上的异同，我斟酌再三整理成上述文字（醍醐或许可以认为是牛奶）。

十二、吴郡陆颙卖与胡人腹中奇虫

吴郡有一个人叫陆颙，他从小喜欢吃面食，但却越吃越瘦。长大后，从本军（译者注：此处应为本郡）被送到礼部参加考试，没考中。于是，他便做了（长安的）太学学生。过了几个月，有几个胡人带着酒到了他的住处（想跟陆颙面谈），坐下后，胡人看着陆颙说：“我是南越人，生长在少数民族地区。听说唐朝的天子网罗天下优秀人才，并且打算用文化感化四方的少数民族，所以我们翻山越海来到中国，想观赏太学文化的风采。只有您戴着高高的帽子，衣襟飘动，容貌庄重，仪表严整，真不愧是唐朝的儒生，所以我们愿意跟您友好交往。”陆颙很感谢，说：“我陆颙侥幸进入太学，可是并无别的才能，你们怎么竟如此欣赏我呢?”他一边说一边和胡人痛快地吃喝，极尽欢乐才告别。陆颙是个相信别人的人，他认为胡人不会骗他。过了十几天，胡人们又来了，并拿来了黄金和丝绸为陆颙庆生，陆颙疑心胡人别有用心，就坚决不接受礼物。

胡人说："您虽然住在长安，但生活很窘迫，面有饥寒之色。所以我拿来些黄金和丝绸，作为您的仆人和马一天的费用。我们是为了跟您交好，哪有别的用意呢？希望不要怀疑我们。"陆颙没办法，只好接受了黄金和丝绸。等胡人走了以后，太学中的一些学生知道了这件事，都来对陆颙说："那些胡人贪财如命，为争夺盐米都会相互残杀，难道会为了朋友生日送来黄金和丝绸吗？再说太学的学生那么多，为什么单单厚待你呢？你可暂到郊外藏身，以避免他们再来。"陆颙便寄住在渭水旁，闭门不出。只过了一个多月，胡人们又来到他住的地方（说很想见他），陆颙很吃惊。胡人高兴地说："前段时间您在太学中，所以我不便把话都说出来，现在您住郊外，正合乎我的心意。"坐下后，胡人拉着陆颙的手说道："我来不是偶然的，原是有求于您的，希望答应我。再说我所要求的，对您原本无害，对我则有很大的好处。"陆颙说："先听听是怎么一件事吧。"胡人说："您不是喜欢吃面吗？"又说："爱吃面的不是您，而是您肚子中的虫子。我想把一丸药给您，您吃下它，就会吐出虫子。我想用优厚的价格从您那里把虫子买下来，可以吗？"陆颙说："如果真有这个虫子，那当然没有什么不可以。"于是，胡人拿出一个紫色的泛着光泽的药丸，叫陆颙吃下了它，过了一会儿，陆颙便吐出一条虫，长二寸左右，青色，样子像青蛙。胡人说："这虫叫消面虫，其实是天下奇宝。"陆颙说："你们如何知道的呢？"胡人说："我每天早晨看到宝气连着天空，位于太学中，所以估计是您在太学中的缘故。然而从一个多月前，清晨远望时，看到那团气移到了渭水上，果然是您迁居到这里来了。这种虫子是承受天地中和之气凝结而成的，因为麦子（面的原料）从秋天开始种，到来年仲夏（刚好是一年秋、冬、春、夏四季）才结出果实，相当于接受了天地四季的全部精气，所以虫子才特别喜欢面（麦子做原料）的滋味。您可以看看它吃面的样子。"陆颙就把一斗多面放到虫子面前，虫子立刻就吃光了。陆颙又问道："用这个虫子干什么呢？"胡人说："天下的奇特宝贝，都承受了中和之气，这个虫子是中和之气的精华，拿着本而去取其末，不论多远都能得到。"之后，胡人就用竹筒盛了那只虫子，又把筒锁在一个金匣子里，让陆颙放到寝室中，对陆颙说："明天我们会再来。"第二天早晨，胡人用装满十辆车的金玉丝绸，大约价值数万，送给了陆颙，然后一起拿着金属匣子走了。陆颙从此非常富裕，购置了房子园林，并置办了生活用品，每天吃好米好肉，穿着华美的衣服，在长安市中游览，号称豪士。只过了一年多，胡人们又来了，对陆颙说："您能和我们一同到海中游览吗？我们想探寻海中奇特的宝贝，以便向天下炫耀。您不会没有这样的好奇心吧？"因为陆颙现在很富有，又一向闲散安逸，就与胡人一块到了海边。只见胡人们搭起了一座小小的庐棚住在里面，还在银鼎中放上了油膏，在鼎下点起了火，把那条奇虫扔到鼎中炼，七天没断火（鼎下的火）。这时，忽然出现了一个留中分头发穿着青色短袄的童子，捧着一个圆盘从海水中走出来，那盘中有很多直径一寸的珍珠，来献给胡人。胡人大声斥责他，那个童子显得很害怕，捧着盘子回去了。才一会儿工夫，又有一位容貌极美的玉女，穿着如薄雾的轻纱，佩戴玉石耳坠，捧着一个紫玉盘从海水中翩翩而来。那盘中有数十枚珍珠，来献给胡人，胡人又骂她，玉女捧着盘子也离去了。忽然又有一位仙人头戴瑶碧冠、身披霞衣，捧着个大红绸面的册子出现了，册子中有一枚直径两寸的珠子，奇异的光彩映满空中，光亮照到十几步远。仙人把珠子献给胡人，胡人才笑着收下了，高兴地对陆颙说："最好的宝贝终于来了。"于是立即叫人熄火，从鼎中收起了虫子，放在金匣子中。那虫子虽然被炼了很久，可是蹦跳如初（丝毫没有受伤）。胡人吞下了那颗大珠，对陆颙说："你随着我到海里去，千万别害怕。"陆颙就抓住胡人身上的带子，跟着跳进海水中。那海水分开了数十步，鱼鳖之类都惊退离去，他们游览龙宫，进入蛟龙住的地方，珍珠堆积如一座宝山。他们随意挑选，才一晚上就收获不少。胡人对陆颙说："这些可以换得亿万钱了。"一会儿又把好几种珍贵的宝贝留给了陆颙。陆颙带着这些宝贝到南越贩卖，获得黄金十镒，从此更富了。自那以后陆颙始终没做官，直到老死在闽越。

这则故事记载在《宣室志》和《太平广记》卷第四百七十六中。但原本（如现今流传的版本明代商濬《稗海》）和收录在《太平广记》中的故事，字句末端多少有些出入。而且《太平广记》诸多刻本中也存在异同。我相信自己的判断，另外，和故事没有关系的语句，我略微省略了一二。因为如果都要译出的话，势必会多出一些不必要的注释。故事中的吴郡指江苏，本军指本贯也就是家乡。胡人虽自称是南越人，但理应看作是来到南越（广东、广西）一带的西胡，否则"航海梯山来中华"就失去意义了，因为此地有很多侨居的西域胡商，所以才会"长蛮貊中"。

十三、崔炜入洞穴得阳燧珠高价卖与胡人

贞元年间，番禺（广州）有一个叫崔炜的人，从不管理家产，同豪士侠客为友，不出几年便花光了家里的财产。一次，崔炜给一个有钱人家的亲戚当替身来做祭祀，紧要关头，他逃了出来，掉进路上一口井中，幸好井里落有枯叶没有受伤。等到天亮一看，这是一个深坑，深达一百多丈，根本无法出去。有一条几丈长的白蛇盘屈在那里，崔炜用随身带着的艾蒿灸治好了蛇身上的瘤子。他尾随着蛇来到洞深处的一处宫殿，奉宫殿内的皇帝诏令，崔炜得到了国宝阳燧珠。侍女告诉他，拿珠子给胡人看，胡人会拿十万缗钱买它。于是，他回到了以前在番禺租住的房子里，这时距离他离开家已经过了三年，打开门一看，房间里积满了灰尘。过了一段时间，崔炜来到波斯客栈去卖那颗珍珠，许多老胡人一见到这颗珠子就立刻匍匐在地上行礼，说："你必定是进入过南越王赵佗的墓中，不然，你不可能得到这颗珍珠。"老胡人用一千万缗钱买走了珍珠，

崔炜问胡人："你是如何知道的?"胡人说："因为这是我大食国的国宝阳燧珠。以前在汉朝初年，赵佗（南越王尉陀）派一个有异才的人翻山越海偷走了这颗珍珠，到现在已有一千年。但是，我国有一个懂仙术的人说，来年国宝应当回归，所以我国国王把我们招来，给我们准备了大量资金，让我们到番禺来搜寻此宝。今天果然得到了。"老胡人拿出玉液来把珍珠清洗一番，顿时满屋生辉。胡人立即乘船回大食国去了。崔炜得到钱，置备了很多的家产。

这则故事记载在据说是由郑氏编撰的《才鬼记》中。其实围绕得到宝珠前前后后有很长的故事，宝珠卖了之后也交代了许多后话，全文过长而且与本稿的主题关系不大，所以在此只好忍痛割爱。《才鬼记》收编在《唐人说荟》中，想要看到全文也不是难事。何况还有译本（《国译汉文大成》之三晋唐小说），参考起来更是方便。裴铏《传奇》中也可见到这则故事。

十四、某士人卖与胡人"破山剑"

近年有个男人在耕地时捡到一把剑，磨洗之后拿到集市上。有位胡人见了想买，最初出一千文钱，后来涨到一百贯钱，这个男人还是不答应。胡人跟随卖剑的男人到了他的家中，赏玩着这把剑，恋恋不舍。最后双方说好一千贯钱，明天胡人拿钱来取剑。这天夜晚，月色很好，男人跟他妻子两个人把剑拿出来一块儿观看，一边笑着说："这把剑真值那么高的价钱?"他家院子里有一块捣衣石，说话间，这个男人随意用剑向这块捣衣石一指，捣衣石立时断为两截。第二天，买剑的胡人拿着钱来到男人家，拿起宝剑一看，叹气说："剑光已经磨没了，为什么会成这样?"胡人不买这把剑，男人责问他为什么不买，这位胡人说："这是把破山剑，只可用一次，我想用这把剑刺破宝山。但如今，剑的光芒已经消失了，我怀疑你们用它触指过什么东西。"夫妻俩听后异常悔恨，将昨天晚上的事情告诉了胡人。胡人最后用十千钱买走了这把剑。

这则故事出自戴孚《广异记》，后转引在《太平广记》卷第二百三十二中。不知这是发生在何地的故事，故事中由卖方来抬高价格，这虽与其他故事相异，但终归还是可以划分至这一类。

十五、长安某生得宝于邻家胡人又高价卖与胡商

有一个住在京城里的举人，邻居中有一个卖饼的胡人，是个独身。几年以后这个胡人忽然病了，举人常去看他，甚至还替他煎草药，但是他一直没好转。临死的时候他告诉举人说：“我在本国的时候很有钱，因为战乱逃来这里。本来和同乡有一个约定，说好在此相见，所以我只能等在此地，不能到别处去。万没想到能遇到您这样亲切的人这样体恤我。我没有什么报答您，在我的左臂皮下有颗珠子，珍惜了多年，如今死去也就用不着了，送给您吧。同时也请求您在我死后把我埋葬。您得此珠，也没什么用处，而且此地也没人能识得此物。但是如果一旦听说有西国的胡人到此，您一定要拿珠子去问一问，定会卖个好价钱。”说完这番话胡人就死了。举人剖开他的左胳膊，果然取出弹丸大的一颗珍珠，但并没有多少光泽。举人把胡人埋葬之后，把珠子拿出去卖，根本没人问津。三年之后，忽听新近有胡人到来，就前去卖珠。那胡人见到珠子大吃一惊说：“您是怎么得到这宝珠的？这不应是近代的东西，您是从哪弄来的？”举人于是将实情相告，胡人流泪说道：“那个人就是我的同乡啊！我们本来约定同来寻这宝物，但是我来的时候在海上遇上大风，流转好几个国家，所以延误了五六年才来到此地，方要打听他的下落，却不料他已故去。”胡人提出了买珠的请求，举人见珠子不太名贵，只要了五

十万钱，胡人依价付钱。举人问他此珠有何用，胡人说："把这颗珠子拿到海上，用一石油煎它，煎至二斗油之后，把从珠上刮下来的东西抹在身上，入海则身上不湿，龙神害怕，由此便可获取珠宝。"

这则故事原出自皇甫氏的《原化记》，仍转引在《太平广记》卷第四百二中，流传至今。故事的最后不知是因为文章还是文字上的疏漏，局部稍稍有些牵强，但大意基本如上。

十六、李勉同情病胡得珠宝

司徒李勉，开元初年为浚仪县尉，期满后坐船行汴水之上，去广陵游玩。走到睢阳，遇上一位有病的波斯老胡人。老胡人来到船前，说："我是个异乡人，如今病得很危重，想回江都，知道您是位仁慈的人，想借光搭您的船可以吗?"李勉可怜他，就让他上了船，还给老胡人粥吃。老胡人露出深深的羞愧神色，开口说："我本是王公贵族之后，做买卖来到这里，已经二十多年了。我家里有三个儿子，估计一定会出来找我的。"不几天，船停在泗水的岸边，老胡人的病情加重，就避开别人对李勉说："我们国内丢了传国的宝珠，征求能把宝珠找回来的人，我家世代皆公相，但我仍贪图高位，就想这正是报国的好时机，于是离乡出来寻找宝珠。很幸运我最近已经找到，如果把珠子带回去，立即就富贵了。这颗宝珠价值百万。我怕揣着宝珠行经他乡不安全，就剖开身上的肉把宝珠藏在里面。但不幸得了病，现在就要死了，很感激您的恩义，那就把珠子送给您吧!"说完，他抽刀剖开大腿，取出珠子的同时人也断了气。李勉就给他置办了装裹，葬他于淮水之滨，埋葬的时候悄悄地把宝珠放入胡人口中后离去。到达扬州之后，李勉前往旗亭，忽然发现许多胡人跟随在他的左右，相互交谈一番后，他发觉身边有位年轻胡人的模样很像死去的那个胡人。李勉就询问那小伙，果然与死去胡人说的大致相同，细一打听，他居然是已故胡人的儿子。李勉将埋葬那胡人的地点告诉了年轻胡人，年轻胡人号泣一顿之后，掘开坟墓取宝珠而去。

这则故事出自薛用弱《集异记》，转引在《太平广记》卷第四百二中流传了下来。故事中的浚仪位于今河南开封西北方，是宋朝祥符县所在地。江都和淮扬都指的是扬州，胡雏指的是胡儿，用例散见于唐代文献中。

十七、李灌同情病胡得珠宝

李灌，不知是何许人，性情孤僻好静，常住在洪州建昌县。一日，他把船停靠在岸边（鄱阳湖），岸上有一间小茅屋，里面有一位生病的波斯人。李灌可怜他将不久于人世，便送些汤汤水水侍奉，几天后这位波斯人死了。临死时，指着他所铺的黑毡说："这里面有一颗直径一寸的珍珠，送给你作为报答。"他死后，李灌见毡子有微光闪耀，伸手取出一看是颗珍珠。他买棺木将波斯人埋葬了，秘密地将珠子放入胡人的口中，在墓边栽了一棵树当记号。十年之后，他又过旧邑，当时杨平是这里的观察使，在此探查持有外国通牒客死在建昌客栈里的胡人（主要是探查胡人的随身物品）。那些曾向胡人施舍过粥食的人家都被拷问了一年，李灌就问这些人犯了些什么罪，囚犯们如此这般地说了事情的始末。原来，官府得知胡人身上有宝，可是没有发现，便就此开始探查。李灌把真相（自己所经历的事情从头到尾）告诉了县僚，并领他们到了埋葬波斯人的地方。他当年栽的小树已经枝繁叶茂，打开棺材一看，那早已死去的胡人的面容如活人一样。于是李灌从死去的胡人口中取出宝珠，当天晚上乘船而去，不知去了哪里。

这则故事出自李亢的《独异志》，转引在《太平广记》卷第四百二中。建昌位于洪州（南昌）以北、靠近鄱阳湖岸向西边深入的地带。建昌这个名称沿用已久，今已被改为永修县。县城虽不临湖，但如前文中所说的“倚舟于岸”，应当指的是湖岸吧，又或许是流经城下的一条河。

十八、李约同情病胡得夜光珠

兵部员外郎李约，有一次坐船在江上航行，和一个胡商的船前后行驶。胡商生病了，将李约请过船去，把两个女儿托付给他，他的两个女儿都长得异常美丽。胡商还交给他一颗珠子，嘱咐他许多话，李约都答应了下来。不久胡商死了，留下好几万贯的钱财。李约全都如数交给官府，并为胡商的两个女儿寻找如意郎君。胡商入殓之前，李约亲自把那颗夜光珠放入胡商口中，别人并不知道这件事。后来，死去胡商的亲属前来清理胡商留下的财产，李约请来官府的人挖开坟墓检查，夜光珠果然还在。

在李绰《尚书故实》中可以看到这则故事，从形式上看，其可看作是前面两则故事的变形。《太平广记》卷第一百六十八中也出现了这则故事，同时是在记述了前一则故事（《太平广记》卷第四百二《李灌》）后注解说：“又《尚书故实》载兵部员外郎李约，葬一商胡，得珠以含之。与此二事略同。”宋代王谠《唐语林》卷一中也能看到同样的故事。

而下面要说的这则故事，整体形式疏散，笔者认为很难把它归为上述一类，但仔细想想，应该也算是属于上述一类。故事中通常扮演买主的胡人变成了卖方，而唐朝的官员则转成了买主，至此，故事中极为重要的买卖程序变成了捐献，这种改变令人饶有兴味。这则故事出自戴孚《广异记》，转引在《太平广记》卷第四百三中，似乎存在多处文字错误和字句脱漏，局部文意也有牵强附会之嫌。而本章第一则记述的“宝骨”之故事，其中一些文句好像也和这则故事有些许雷同，这是一处不小的错误，现略加意译出，若有误解只等他日再重新订正。

十九、洪州胡人捐重金换奇宝

（唐肃宗）乾元中期，国家因为收复“二京”（长安、洛阳），粮饷供给不足。监察御史康云间是江淮度支，他向这一带的商旅和百姓征收金品，用以补充当时的急用。录事参军李惟燕奉康云间之命，掌管洪州征发之事。洪州是江淮之间的一大都会，有一个波斯胡人应缴纳一万五千贯钱。他腋下夹着一个有两个拳头合起来大小的瓶子，似乎很宝贝，问及那是什么，他并不如实回答，（胡人好像被要求交出来）说：“我愿意给你一百万钱。”李惟燕（以为他在求情，得知这东西能发挥这么大的作用）说：“你才缴纳了区区一万五千贯钱，不能违背自己说过的话，否则就是欺蒙百姓。”胡人狡辩一番急忙离开了。胡人来到扬州，长史邓景山知道了这件事，就问胡人事情的经过，胡人说：“瓶中装的是紫狞羯。人得了它，就能受到鬼神的保护，走进火里不会被烧，掉进水里不会被淹。这是一种无价之宝，不是明珠珍宝可以与之相比的。”于是，长史又加收了胡人一万贯钱，胡人乐于疏散其财，并不以此为恨。其实瓶中装的是十二颗珍珠。

洪州即前几节提到过的豫章，今南昌。

其实，类似上述的故事，如果仔细找寻，肯定还有不少。其中还有一些故事，一部分融进了其他故事中，不胜枚举。如唐小说《杜子春》，波斯的商人借钱给杜子春，借方主动抬高金额借钱给他，仅为一例。顺便提一下，这些故事大概也传到了日本，有两三个故事，发生地变成了日本国，西域的商人变成了唐朝人，而原本故事中的唐朝人则变成了日本人。据笔者所知，如（1）《今昔物语集》卷二十六中收录的《镇西贞重随从买得淤泥之玉》；（2）《宇治拾遗物语》卷十四中收录的类似故事；（3）柳田国男先生著《日本昔话集》上编中收录的《长崎鱼石》的故事。故事（1）也收录在《宇治拾遗物语》卷十四中，是故事（2）的前一篇，只不过把题目改变成了《珠价无量之事》（《国史大系》本《今昔物语集》第1201—1203页，《国文严书》本《宇治拾遗物语》第295—297页、第297—299页），（3）见《日本儿童文库》本《日本昔话集》（1930年，上卷第174—177页、春阳堂《少年文库》上篇第154—157页）。孙晋泰曾指出，朝鲜的稗史野乘中有过两三个类似的故事，这里不再列举（故事中胡人变成女真人，汉人变成朝鲜人）。《今昔物语集》中的故事如下。

筑前国有一位官人叫贞重，上京之际为了给宇治殿下和几位好友准备特产，把自己的十把宝刀抵押给一位唐人，向他借了六七千钱。办完事后他要离京返乡，在岸边乘船之时，另一艘船上有人前来叫卖道：“谁买珍珠？”贞重的随从一看，是一颗黄豆般大小的阿古屋珍珠，就脱下身上穿的衣服买下了珍珠。卖珠人似乎觉得卖了个好价钱，匆忙划船离去。贞重一回到家唐人就来了，随从就问道：“你可买珍珠？”唐人接过来珍珠放在手中使劲摇了摇，现出惊奇神色，问道：“这要多少钱？”随从见他想买，便开价说：“十金。”唐人有些犹豫，但还是打算用十金买下。随从瞧此情景，感觉到这颗珍珠的价值必然很高，便赶忙拿回珍珠。唐人觉得很遗憾，找到划船载过贞重和随从的那位船主，若无其事地靠近他身边，对他小声说了几句，意思就是要把珍珠再买回来。船主来到贞重家，说：“您的随从中，有人拿着一颗珍珠，能否让我一看？”贞重闻言便叫随从拿出来，那个随从慢吞吞地掏出珍珠，船主拿在手里反复摇了摇，然后立刻跑到唐人家。只见唐人拿来了贞重这次出门前抵押在唐人那儿的十把宝刀，唐人说："如何？你把这些都收起来吧。"然后也没说什么就不知去向了。大家都很茫然，后来反应过来都很吃惊，哎呀，原来那颗珍珠竟比十把宝刀还要值钱。大家都纷纷说，这大概就是贞重的福报。

这个故事的形式发生了改变，但仔细研读一番，透过故事似乎又能看到胡人自抬价格买宝的情节。在《宇治拾遗物语》中还有一个与此相似的故事，篇章略长，在此省略。在前文摘录的第七则故事中有类似的部分，也有买方给出超过卖方要求价格的情节。《长崎的鱼石》大概情节如下。

长崎有一个叫伊势屋久左卫门的人，他有一位关系亲密的唐人朋友。那位朋友不停地打量他家土墙上堆积的青石，并说："把它让给我吧。"久左卫门想反正是没用的东西，给就给了。可是青石刚一拿开墙就塌了，露出一块奇怪的石头，取出来后，久左卫门对朋友说："等你下次来了我再给你。"谁知话音刚落，唐人就说："我不知道还来不来了，现在我给你一百两，你卖给我吧。"久左卫门一听一百两，料定这是一个什么宝物，突然觉得卖了可惜，就拒绝了。唐人最后出到三百两，可还是没能如愿。唐人回国后，久左卫门把这块石头取出来后找了一个打磨玉器的匠人鉴定，并打磨了一番，没觉得有什么稀奇。又把它一切为二，这时里面有水流出，还有两条红色的小鲫鱼也跟着跳了出来，但很快就死了。"这才是价值所在呀！"久左卫门这时候恍然大悟，但为时已晚。第二年唐人又来了，听完这件事流泪叹道："我以前就听说过这石头，这是我碰到的第一个宝物，这叫作鱼石，把石头慢慢地打磨至接近水的地方，就能够看到水中的鱼儿。看到这双鱼戏水，心情自会舒畅，可以养心增寿。我国有一位贵人不惜重金要找这块鱼石，我本想倒卖一下从中获利，这次是准备了三千两而来的。"说完还让久左卫门看了一下那些钱，可最终还是未能如愿，带着遗憾回国了。

这是故事的梗概，是唐代传说故事的变形，和前记第十四则“破山剑”多少有些相似。

这些种种的传说故事，在传说学上究竟是如何被看待的？如前所述，这一点我无法估计，也无从涉及。故事的系统就更不好解释，尽管故事里出现了胡人，但这些故事却不是来自西域，而是发生在大唐。故事里西域人的出现，只能说明西域人在唐朝各地经商往来，这一点可以作为史籍记事的一个补充。胡人出高价，表明他们都是拥有巨额财产的大商人，传李义山作《杂纂》中却有一个与之不符的例子——“穷波斯”。西域胡商的出现多少都会建立起一些西域的传承。如亡国之际丢失国宝这样的例子，萨珊王朝灭亡时泰西封（Ctesiphon）陷落，同样也丢失了大量财宝，胡商的出现也许就藏着这些片刻的影像吧。而宝物的魔力也能让人想起波斯民众信奉的一些事情，关于这一点笔者曾经参阅过 J. Ruska 写的 Steinbuch - des Qazwīnī，G. F. Kunz 写的 The Magic of Jewels and Charms 和 The Lore of Precious Stones，只是尚未整理出成形的资料。

附　　记

上文引用的各个故事，其原出处介绍请参阅《新唐书·艺文志》、陈振孙《直斋书录解题》卷十一、晁公武《郡斋读书志》卷十三和《四库全书总目提要》卷一百四十一至卷一百四十四。

另，本文应该添加但没有添加的故事有：刘贯词从龙神夫人那儿得到罽宾国镇国之碗，拿到长安西市卖与胡人一事（《太平广记》卷第四百二十一所引《续玄怪录》）；义兴姚生在张公洞从道士那里得到一种神奇的食物——龙食，将其拿到集市给胡商看，让对方大吃一惊一事（《太平广记》卷第四百二十四《张公洞》）；洪州卢传素将侄子化身的黑马牵到集市一角，胡人将军恳请卢传素将其卖给自己一事（《太平广记》卷第四百三十六《卢从事》），等等。今日作此记录，只想说明还有这样一些故事。

追　记

上述故事全部收录在《胡人买宝记补遗》（见本书第73—86页）中。另外，故事中出现的“珠”，指的不是日语中的“小球”，而几乎都是指“珍珠”。

再谈胡人采宝记

1928年11月，我在《民族》4－1中，以“西域胡商重金寻宝”为题，论述了唐朝至五代在中国流传的一类传说故事。当时，我并没有叙说这类传说是否存在于宋代以后这一话题，凭我的孤陋寡闻，当时对此真是不得而知。其后，我找到唯一一个宋代的故事，讲苏东坡弟子卖给胡人一个普通的东西，得到了很多钱。可是，我把记有该故事信息的纸条丢失了，结果至今想不起来究竟是哪本书里写到了那个故事（也许我前面说的故事情节中也有不对的地方，改日一定重新检索后再加以介绍）。然而，唐朝该类传说故事多有流传，作为一个体系，唐朝以后应该也会相应传承下来一些。仔细查询后我认定，该类故事极有可能出现在明清的随笔当中。近日，我看到中国出版的民俗学月刊杂志《民间》在一个栏目中讲述了这类故事，从1931年9月第四期（第一卷）至1932年8月第十二期，共刊登了21篇。令人惊讶的是，每一篇都经过实地采编记录，现仍在浙江省绍兴、杭州等地口头传承。而且，正如我期望的那样，在那些作品中，像《破山剑》《长崎的鱼石》那样以失败告终的传说故事也有很多。这些新出现的资料，也许可以给我一直以来的疑问一个令人满意的解答。话虽说得有点早，但不管如何只要同类故事有所增加，那我便有责任把它们介绍给大家。这也是我忙里偷闲执笔写下这一章的缘由。

出于方便，仅把那21篇故事的题目、采集者、籍贯、采集地和登载杂志的期刊号列表整理如下（问号表示存疑或不明）。

题目	采集者	籍贯	采集地	所载《民间》期刊号
1 定风针	林融甫	江山	江山	第一卷第四期（1931 年 9 月）
2 夜明珠	同	同	同	同
3 月中桂	同	同	同	同
4 时辰钟	同	同	同	同
5 青山金牛	孙善农	绍兴	绍兴（?）	第一卷第七期（1931 年 11 月）
6 白烛	王伯镛	同	同（?）	同
7 裙	王仲坎	绍兴柯桥乡	同（?）	同
8 乌龟	魏斌臣	华舍	绍兴	第一卷第八期（1932 年 1 月）
9 鲨鱼	沈耀廷	绍兴	同	同
10 黄瓜	韩蓉卿	同（?）	同	同
11 翡翠剑	王仲坎	绍兴柯桥乡	同	第一卷第十期（1932 年 6 月）
12 夜明珠	同	同	绍兴柯桥乡	同
13 定妖针	倪少天	同	同	同
14 还魂圈	同	同	绍兴西乡	同
15 大龟壳	丁萝魁	绍兴	绍兴	第一卷第十一期（1932 年 7 月）
16 青葱—停风珠	同	同	同	同
17 烟管	晓天	?	同	第一卷第十二期（1932 年 8 月）
18 轻身丹	王仲坎	绍兴柯桥乡	绍兴柯桥乡	同
19 玉蜡烛	王金声	绍兴（?）	绍兴	同
20 豆腐布	同	?	杭州	同
21 白蜡烛	沈耀廷	绍兴	绍兴	同

通观这 21 个故事，有一些与唐代的故事情节大致相同，也有一些随着历史的发展自然性地发生了变化。对于故事情节的变迁历程，我似乎领悟到了一些什么，这令我兴趣大增。以下，我把这些故事分组来简略说明其梗概。

（A） 与唐代故事情节几乎相同的

［11 翡翠剑］——某一户人家的墙上长出了一根葱，过了几年既不见枯死也不见长高。有一天来了一个回回（回回指的是阿拉伯人，但并非依民族区分的阿拉伯人或者伊斯兰教教徒），问："我想用二百两银子买这根葱，卖不卖?"那家人没想到这根葱居然能卖这么多钱，就按回回开的价卖给了他。其实那根本不是葱，而是翡翠剑。回回后来把翡翠剑卖给了一个有钱人，得了两千五百两。回回虽说擅长经商每次都能赚很多钱，但此类程度还真是破天荒头一回。

［13 定妖针］——回回来到一个村里看见了一棵小树，仔细盯着看了又看，发现树中有宝。于是，他走到一户人家前问道："那棵小树是你们家的吧，我愿意出白银五百两买下来，怎么样?"那户人家说："您别开玩笑了，那树的确是我的，但哪里值那么多钱呀。"说完便不再理睬。回回说："我是认真的，不是开玩笑。"那人家虽觉得有些不可思议，但想着这是多大的一笔买卖啊，便卖给了回回。那户人家用天上掉下来的这五百两过得幸福快乐，却不知树中藏着定妖针，回回想得到的正是这个宝物。

上述两例故事中都没有出现宝物的用途，只提及宝物的名称是翡翠剑和定妖针，对宝物的魔力也只字未提。故事中既没有买主提价的情节，也没有卖主标高价格想要多卖些钱的情节，故事仅停留在尚未完全发展的唐代该类故事的典型形式上。

［14 还魂圈］——一日，回回经过某户人家时，看见屋顶上有一个大柴圈，仔细看了又看，发觉那是一个宝物，想要买下。他进到那户人家里，见一女子便说："把那个柴圈卖给我，如何?"女子挥手拒绝道："不卖，不卖。"回回把女子挥一只手说不卖，误解成了没有五百两不卖的意思，说："五百两？好。"然后就掏出钱来。女子觉得这笔买卖很划算，就卖给了回回。女子拿着这好像是上天赏赐的钱，兴高采烈，一切烦恼都飘至九霄云外了。其实那个柴圈是还魂圈。

这个故事同前两个故事一样，并未告知"还魂圈"是个怎样的宝物

（但能够推测出一些）。在进行交易时，单手拒绝被误解成索要五百两，这虽是误解，但站在回回的立场，故事的形式就变成被卖方索价，因此这个故事情节可以看作是朝前发展了一步。给“挥手”这个动作赋予别的意义，这在下面的故事中还有一两例。当然，在一般的传奇故事中这也是常见的画面，并非采宝故事中特有的情节。

［1 定风针］——一日，回回在一户人家看见一根磨杵，说想买。主人认定眼前这位就是来寻宝的回回，因此知道这根磨杵不是个普通的东西，他想，便宜的话我可不卖。刚一喊价，回回便出白银一万两买了下来，卖主问：“你买这东西究竟要拿来做什么？”回回说：“是这样的，这可是个大宝贝，我们在航海的时候遇见大风大浪，船就会有危险，但如果有了这个宝物，风浪即刻便会消停，这就是定风针。”

这个故事中，卖方很了解回回的来历，所以自己开了高价，这一点是一个新形式，除此以外，其他形式则和唐代传奇故事一样。

［2 夜明珠］——一个有钱人，他有一个傻儿子，儿子问父亲要了一百两银子，然后离家四处游玩。一次，傻儿子在一座城内吃面，觉得那面非常好吃，就对面馆主人说：“我要买八十两银子的面，请三日内给我做好。”三天后面条做好了，他买了三口大缸用来装面，然后打算用船运回家中。可是路程还没走完一半，面就已经开始馊了，散发出难闻的味道。晚上一看，发现一条偷吃面条的大蜈蚣（或许是不小心掉进面里的吧），已经在面汤里淹死了（大致是这样的经过）。他回到家后，问人买不买这面，当然没有人买了。有一天来了一个回回，想买，问他：“多少钱？”他伸出一只手，回回以为是五千两，就给了他那么多钱，把三缸都买走了，傻儿子因此做成了一桩大买卖。回回为什么要买这个东西？问题就出在蜈蚣身上，因为蜈蚣头上有一粒夜明珠，发出月亮般的光芒，能照亮全城。而且这粒夜明珠还能止渴，口渴的人只需把它含在口中，片刻就会消渴。

这个故事里出现了唐《宣室志》中同样出现的面和虫。虽然其在两个故事中出现的过程不同，各自的作用和意义也完全不同，但这个故事是否在某些地方关联了《宣室志》里的故事内容，这一点还需思考。

（B）唐代《破山剑》故事的变形

《破山剑》这个故事的大意是说，在把宝物交给胡人之前，主人无意识地消耗掉了该宝物持有的魔力，等胡人拿着钱来取宝物的时候，才发现宝物的价值大打折扣。故事情节发生了变化，卖主虽是好心，却因不知情而破坏了宝物的魔力，而买主则仅用少量的钱买走了毫无价值的东西。我认为情节变为此类的故事属于（B）组。

［7 裙］——一日，回回来寻宝。经过某户人家的院子时，看见篱笆上挂着一条破破烂烂的裙子，回回知道这是宝物，跟人家说想用五百两白银买下。“什么？五百两？卖呀。”女人一听大为喜悦。但是回回去了很多地方买了宝物，身上所剩的钱已不够五百两，于是，他对女人说：“我明天拿钱来买。”然后就走了。女人心想，这条裙子是自己生孩子时穿过的，上面还沾着血渍，污迹斑斑，洗干净再卖给他吧，于是把它拿到河边洗得干干净净。第二天回回来了，大声说着：“不要了，不要了。你把宝都洗掉了。”女人这是好心办了坏事。回回连说：“弄巧成拙！弄巧成拙！”很是遗憾。

［4 时辰钟］——回回在某家看到一块圆石头，问人家一百两卖不卖，那家人感觉出这石头是块宝，便说少于一千两不卖。“好，那我明天来买。”回回说完就走了。家人觉得这石头是块宝没错，但沾满尘土没有一丝光彩，如果洗一洗，磨一磨，一定会闪闪发光，明天回回一来，定会觉得很惊喜。于是，便把石头洗净又打磨一番，想着明天回回一来肯定能卖个好价钱。第二天回回如约前来，一见这块石头便大声叫道：“坏了，坏了，不买了！”家人问：“哪儿也没坏，不正是那块石头吗？”回回答道：“这块石头有十二个小孔，一孔表示一刻，每到一个时间，表示那个时刻的小孔里便会飞出羽蚁。观察羽蚁从哪个小孔飞出便可知道时间，就像钟表一样。但我现在一看，小孔都被打磨过了，羽蚁也都死了，这已经没有用了。”这家人一听追悔莫及。

［17 烟管］——有一个乞丐靠捕蛇为生，回回要用一千两买他的脏兮兮的烟管。乞丐说少于一千五百两不卖，回回便和他说好第二天拿钱来买。但是当天晚上乞丐起了贪心，他觉着这么脏都能卖到这个价钱，那如果把它清理一下岂不是能卖得更高，于是便把烟管里的污垢清理了个干干净净。本以为回回第二天来会高兴，却不知把宝贝都给洗掉了，回回见了没有买便走了。乞丐没做成生意，只好依旧天天捕蛇。

故事［17 烟管］中买方的热情让卖方滋生了欲望。故事［4 时辰钟］里并非没有这样的情节，只是在原文中表达得并不十分鲜明。

［16 青葱—停风珠］——一日，回回在大善寺前一个商店的屋檐下看见了一盆青葱，说想用一百两黄金买下。主人答应卖，可是回回说今天没带钱改日再来，然后便走了。主人担心万一被偷就把这盆葱放到了店内，第二天回回来了，一看便说："不要了！"被问为何，回回答道，那里面原来有一只蜘蛛，现在已经逃到隔壁商店的招牌上去了。隔壁的店主人觉着奇货可居，想卖给回回，回回说明天带五百两黄金来买，然后走了。店主人看这块招牌这么脏，就一口气把它洗干净，等第二天回回一来就给他看，并说："我把它洗得这么干净。"但回回一看却说："不要了，不要了。"原来，蜘蛛已经逃到大善寺的塔上去了。回回知道没有机会再抓那只蜘蛛，便把方法传授给了大善寺的和尚，并告知在那蜘蛛的肚子里有一颗停风珠，然后便走了。和尚按照回回教给的方法得到了那个宝物。

这个故事也可以划分至此类。

（C） 闻之是宝不再卖，巧问用途亲自尝试终成功

这个故事是 21 个故事中唯一的一例。

［8 乌龟］——一日，一个老渔夫和儿子一起到江中捕鱼，撒了几次网都没有捕到一条鱼，网中只有一只乌龟。起初，他们觉着没人喜欢乌龟就把它放了，但是每次都会网到这只乌龟，儿子便对父亲建议说，干脆把它带回家喂些饭粒养着吧，他们就这么做了。第二天来了一个回回，问三千两卖不卖，渔夫问这究竟是为何，回回说等明日他买下以后再告之，然后

便走了。那天晚上，渔夫把乌龟放入坛中并盖好盖子，第二天回回来时，渔夫面露惋惜之色，说昨晚不知它跑到哪里去了，并问那乌龟到底有何用，回回想既然逃走了那就没办法了，于是告诉他，给乌龟喂盐它就会拉出珍珠。回回走了以后，渔夫马上把乌龟放出来，按照回回的说法一试，果然得到许多珍珠，很快就成了大富豪。

（D） 由 C 类变化而来的亲自尝试终失败类型

这种类型的故事非常多，一一介绍实有些累赘，因此这里只讨论它们的不同之处。简单而言，故事的主要内容都大致相同。决然平淡无奇的东西，回回来了以后却出乎意料高价收购。主人甚为奇怪，询问缘故，得知那竟是奇珍异宝，凭借其法力可以获得很大的收益，主人立刻觉悟不应卖与他人。所幸第二天回回如约前来，主人便告知回回，在此之前要亲自试验宝物的法力（或者是无论如何不愿出手，回回无奈只好放弃收购的想法，无功而返。等回回一走，主人便亲自试验宝物的法力，这种情节也很多）。不知是没有完全了解宝物的用法，还是其他一些原因，导致失败，结果落下一个鸡飞蛋打的结局，这便是此类故事的主要内容。

［21 白蜡烛］——藏在瘦肉猪肚子里的白蜡烛是宝物，点着以后自会引来众多财宝。但结果却由于不知道取白蜡烛的正确方法而导致失败。

［19 玉蜡烛］——在一位百姓的腹中有一只玉蜡烛，此物是宝。这和［21 白蜡烛］的内容大致相同。

［18 轻身丹］——白鸡的肚子里有一块轻身丹，鸡的主人是位女性，知道缘由后，一刀划开鸡的肚子，结果什么也没有。

［20 豆腐布］——杭州的一家豆腐庄，把一块豆腐布放在店外忘记收回，被雨淋了很久。这块豆腐布是个宝物，虽然用其法力捉住了西湖边的金牛，但最终豆腐布丢失，金牛也中途逃走。

［6 白烛］中有和［21 白蜡烛］一样的宝物，在船上点着以后龙神就会给予想要的财宝，可是蜡烛一吹灭，满船的财宝就全部消失了。又一次点着蜡烛后，龙神被因嫉妒赶来的军队追赶，船只最终没有抵抗过风浪，

沉没了。

［5 青山金牛］——不结穗的水稻枯秆是宝物，但是没有抓住青山金牛。

［10 黄瓜］——干瘪的黄瓜是宝物，是开启宝山的钥匙。这个故事的结局并非完全失败，虽进展不太顺利，但多少也获得了一些成功。

［3 月中桂］的故事结合了（B）和（D）这两种类型。锈迹斑斑的一把旧斧头是宝物，本想磨一下也许能发挥更强的法力，却不料这竟是失败的原因所在。主人公砍月亮上的桂树时被月宫里的园丁发现，最终被抓住杀死。

［12 夜明珠］——一个赏月的百姓儿子头上突然长出一个瘤子，那中间有一颗夜明珠，回回想得到。故事中讲到了卖孩子的情节，父母为了卖和不卖争吵起来，孩子也不情愿。父母试着问了一下回回，买下孩子做什么？回回答道，砍下头从瘤子里取出宝物。父母亲非常震惊，觉得荒谬至极，孩子是能卖的吗？故事在以失败收场之前，情节显得十分恣意离奇。我也不确定这个故事是否应该归为此类，姑且如此。

（E） 上述几种类型之外的故事

在前面提到的 21 个故事中，有两个故事虽然作为采宝这个题材也被编到了这一组中，但其故事特点和前面介绍过的 19 个故事完全不同。为了方便也一并在此列出，但彼此却非同类，权作为一种参考，仅在此记述故事大意。

［15 大龟壳］——有一家卖扇子的商店，时运不济，经营惨淡。因为没有什么收入，只好拿家中什物抵押变卖来勉强度日，正所谓是坐吃山空，很快便山穷水尽无路可走了。忽一日，高某和许多人来到他家，问他愿不愿意去外国贩卖东西赚点钱？大家劝他说，一起去吧，钱由高某出。这人不知道该卖些什么为好，就去水果店买来一筐蜜柑，决定出售此物。他们坐的船只很快就停靠到了一个不知是哪里的外国港口，其余的人都上岸卖东西去了，只有这个卖扇子的人独坐在一角，把带来的蜜柑摆开等待

买主。很快就有外国人从旁经过，见到蜜柑很是新奇，想买。但由于语言不通，他伸出一只手，外国人误解为一只蜜柑五枚金币，便掏钱买走。蜜柑因汁甜味美香气浓郁而一时轰动起来，人们争先前来购买，很快卖扇子的这人便小赚了一笔。接着，船又停在别的外国港口，同行来的其他人又上岸去卖东西了。卖扇子的这人因为已经没有东西可卖，便无精打采地登上岸边的一座小山丘，漫无目的地眺望四周的景色。突然他在山顶的一块平地上发现了一只大龟壳，翻过来看到了一个小鸟窝，小鸟受到惊吓拍打着翅膀从鸟窝中飞出逃走了。卖扇子的觉着这个东西很稀奇，便捡起它下了山。随后船又经过几个港口，一日到达了一个大市场。卖扇子的这个人依旧独自留在了船上，他把大龟壳拿在手中把玩，有个回回经过旁边要出五万金买它，卖扇子的欣然同意把它卖了出去。回回从那大龟壳中取出十八颗宝珠，卖扇子的那人听见回回说“正是，正是”，此时才后悔自己有眼无珠。

［9 鲨鱼］——海里有一条非常大的鲨鱼，因吞食航海中的船只而使人人畏惧。当时有一艘特别大胆的徽州船，巧妙地把鲨鱼引到了海口附近的浅滩，退潮时鲨鱼失去退路，最后因干涸而死。乡邻们仍很畏惧不敢轻易触碰，之后来了几个回回，取走了鲨鱼的眼睛和胃，听说大赚了一笔。

这篇续稿就此搁笔。我仅随意介绍了几篇传奇故事，也没有整理出一个像样的形式，惭愧有加。如能给研究传奇故事的同仁们提供一些所谓的资料，于我而言，则多有荣幸。

胡人买宝记补遗

小　　引

1928年11月，我在柳田国男先生主编的杂志《民族》4－1上，发表了正标题为“西域胡商重金寻宝”，副标题为“唐朝中国广泛流传的一类传说”的文章，论述了中国从唐朝到五代时期流传的一类传说故事。其后，我又知道了两三则同属一类的故事，便于1941年6月将这篇文章收录到拙著《长安之春》中时①，在书的最后列出了那几则故事的主题和出处，故事的正文则没有引用。给《民族》投稿之初，我曾经想过，这类传说故事到了宋元明清时期，有一些必定以一种脱胎换骨之姿继续在世间流传，只因尚未得到实证，所以不便随便谈论。但是我明确指出了，有三篇故事对日本国内创作的这类传说故事起到了穿针引线的作用，并介绍了其中两篇的梗概②。然而，随后我在中国的民俗学杂志《民间》第四期（1931年9月）到第十二期（1932年8月）上，见到了断断续续③登载的21篇同类故事，而且那些故事并不是从文献中摘抄出来，是把仍在浙江绍兴、杭州

①那时我对旧稿进行过一些添削，还调整了两三篇故事的顺序。

②三篇中之所以省略了一篇，是因为那个故事篇幅太长，而且故事中只有一小部分与胡人买宝记的特色相关，故作了省略。

③第四期（1931年9月）、第七期（1931年11月）、第八期（1932年1月）、第十期（1932年6月）、第十一期（1932年7月）、第十二期（1932年8月）。

等地口口相传的故事，经过收集整理记录出来的。闻此，我甚为吃惊，马上在《民俗学》5－10（1933年10月）上介绍了相关内容①。谁知后面又发生了令我更为吃惊的事情，我的一位战前在北京待了很长时间的同学直江广治告诉我，中国北方各地都有很多这样的传说故事，至今仍在流传。我想他日一定要细细请教，可时至今日都未能如愿。既然如此，我只好焦急期盼我的那位同学亲自提笔来告知大家详情。在本书中，接着我的那篇刊载在《民族》上的拙稿，我仅把自己还知道的同类型的几篇故事整理成另外这一章补遗。一是供同仁们浏览，二是想借此报答一下对于拙稿曾经给予过殷切垂教的朋友们。

1951年，Edward H. Schafer发表了题为《唐代传说故事中的伊朗商人》（Iranian Merchants in Tang Dynasty－Tales）的论文②。这篇论文以我整理的《胡人买宝记》中的一类为素材，评说了伊朗商人在唐朝中国的活动，其所引的故事全部来自《太平广记》。在我列举的故事中，他遗漏了3篇，还有那些我要在此补充的故事，其中大部分他也没有记述。他在论文中列举了8条跟胡人买宝没有丝毫关系、仅能说明唐代中国有过伊朗商人的材料，而这些我早已注意到了，没有列入本书并非遗漏，而是因为那些和我当前的目标没有关联，所以才刻意省略。这方面的故事还能列举出很多，这或许有点必要，但我还是把它放在下次介绍评论Schafer论文的场合中去。除此，中田薰博士在1934年同样以胡人买宝记为材料，发表了题为《唐代法律中外国人的地位》的论文③。这篇论文引用此类传说故事只是为了说明唐朝时期外国人的法律地位（Legal status），并非为了介绍和考证传说故事本身。多有冗长，以此算作小引。

---

①再次收录在《长安之春》中。

②Semitic and Oriental Studies Presented to William Popper. Edited by Walterl J. F' ischel.（University of California Publication in Semitic Philology, Vol. XI, pp. 403－424.）University of California Press, Berkeley and Los Angeles, 1951.

③收录在《笕教授六十大寿祝贺纪念论文集》中，并重新刊登在1943年6月刊《法制史论集》第三卷第1361—1392页。

一、刘贯词卖与胡人罽宾国国宝“镇国碗”

洛阳人刘贯词在苏州要饭时，遇见洛水龙王的儿子蔡霞，托他给家里捎一封书信。刘贯词就拿着蔡霞给的盘缠来到渭水（应该是洛水的误译）岸边他的家中，谒见了蔡霞的母亲和妹妹，并把书信交给她们。蔡霞在信中对自己因故远游异乡、久绝音信一事道歉，并且请家人帮助穷困的贯词。于是，老夫人取来了罽宾国的国宝——“镇国碗”送给贯词。接着，蔡霞的妹妹告诉贯词：“罽宾国用它镇压灾难鬼疠，但是唐朝用不上它。如果能卖上十万钱，你就把它卖了，不到十万不能卖。”刘贯词拿着那只碗走出几步，看手中的碗不过是个普普通通的黄色铜碗，它的价钱只不过三五镮罢了，他认为龙妹是在胡说八道。他拿着碗到集市上去卖，有的给价七百八百，也有的给价五百，总之没人出价十万。但他转念一想，龙神重信誉应该不会骗人，就天天拿着这只碗去集市上。过了一年多，西市店中来了一个胡客，胡客见到碗非常惊喜，就打听它的价钱。刘贯词说：“二百缗（二十万）钱。”胡客说：“这东西应该值那个价钱，何止二百缗钱？但是它不是中国的宝物，所以你拿着它也没有什么好处。一百缗钱可以吗？”依言，刘贯词把碗卖了出去。胡客说：“在罽宾国用这只碗可以免除人的灾难祸事，自从这只碗丢失后，国家就闹饥荒，起兵戈之乱。我听说是被一个龙子偷去，已将近四年。他们的国君正用全国半年的税赋往回赎它，你是怎么得到的？”刘贯词把实际情况详细地告诉了胡客，胡客说：“守护罽宾国的龙正在寻找蔡霞，这正是蔡霞避身异地的原因。神灵世界的法制严厉，他不敢亲自把宝物送回，所以就借助你的力量把它送回去。他的妹妹对你如此殷勤，并不是她本来就跟你亲近，而是蔡霞怕他母亲那条老龙把你吃掉，特意让他的妹妹保护你罢了。这只碗既然已经出现，那蔡霞也应该回来了。五十天之后，漕河、洛水将大波涌起，雨天灰暗，这正是蔡霞回来的征候。”刘贯词问：“为什么要五十天以后回来?”胡客说：“我带着碗过了岭（把中国中部和南部分开的五岭），他才会回来。”（过五岭大概需要五十天）刘贯词记着这番话，五十天后去（洛水的附近）一看，果然如此。

这则故事出自《续玄怪录》，转引在《太平广记》卷第四百二十一《刘贯词》中。故事虽然增加了很多情节，但仍应属于胡人买宝记中的一类。贯词在见到龙母时几次险些被她吃掉，故事中龙母神情的刻画和龙妹对此再三加以制止的记述很出彩。笔者担心直译不出效果，所以在此省略了一些。故事最后胡客所说的话一一应验，为慎重起见，这一部分完全依照了原文，特此说明。

二、句容县佐史卖与胡人“销鱼精”

句容县（江苏江宁，在今南京的东南）佐史（属僚）每次能吃掉几十斤生鱼片。县令听说后，拿来一百斤生鱼让他吃，结果他全部吃光了，只是过了一会儿觉得有些气闷，半晌吐出一物，形状像麻鞋底。县令把它放在生鱼片上，生鱼片全变成了水。县令（暗暗称奇）让小吏拿此物到扬州去卖，告诫说：“若有人要买，那就要抬高它的价格，看到底能值多少钱。”小吏到了扬州，果然有个胡人要买，起价一千文（一贯）钱，抬到三百贯钱，小吏还是不卖。胡人看小吏这样子像是来估价的，便把东西还给小吏。小吏说：“这是句容县县令家的东西，你一定要买的话，那就应该去找县令，跟他谈。”胡人跟随小吏到了句容县县令家，胡人说：“这是‘销鱼精’，能销人腹中的病块。我国的太子得了这种病，国王为寻找能治这种病的人，悬赏黄金千两。你要是肯卖给我，我就能获大利。”县令最后卖给他一半。

这则故事以“句容佐史”为题，转引在《太平广记》卷第二百二十中，原出自《广异记》。《酉阳杂俎·异疾志》也收录了这个故事，但两者之间多少有些出入，《太平广记》引自《广异记》的故事版本要详细一些①。这个故事里出现了扬州，在笔者旧稿罗列的故事里，也经常提及扬州有胡商经营的店铺。唐朝时，胡人尤其是胡商，在扬州来往居住频繁，有很多资料都能佐证这一点。桑原骘藏博士曾说过“在《太平广记》中，我还没有找到扬州波斯胡店的相关记录”（《蒲寿庚事迹》，1935 年版，第 19 页），而《太平广记》卷第十七中“卢、李二生”的故事中出现了波斯胡店，这里一并记上。

三、康老子高价卖与波斯人冰蚕丝织物

康老子本是长安富家子弟，虽落魄却不从事生计，常与国乐四处游走，终于荡尽全部家产。有一次，他偶然碰见一个老太婆，拿着一条旧锦褥在卖，康老子用半千（五百文）钱买了下来。有一个波斯人见到后大吃一惊，问康老子：“你在哪里得到这个宝物？这是冰蚕丝所织，天热的时候铺在席座上，可得一室清凉。”随即出价千万（一万贯钱）买下。康老子拿着这些钱，依然整日唱歌寻乐，不到一年的时间便把这笔钱花光了，人也死了。后来的乐人们对此都很感慨，谱成一首（叫作《康老子》的）曲子，又称《得至宝》。

这个故事在段安节《乐府杂录》中可以见到②。故事情节和据传由郑还古作《杜子春传》有相似的地方。我译文中的“唱歌”一词在原文中是

①此处有误，《酉阳杂俎》无《异疾志》。——编者注
②据《守山阁丛书》所收本。

“国乐游处”，“国乐”中除了歌者以外，应该还包括各种乐器的演奏。“冰蚕丝”在有些书中被解释成水蚕丝。苻秦王嘉《拾遗记》中说是冰蚕，从蚕茧抽丝纺线织布，入水不湿，入火不燃，故解释为“冰蚕丝”应该更准确。正如白鸟博士翔实考证过的那样①，《魏略》和《新唐书·西域下》拂菻国中记载了大秦国的名产——西海布，那是用海中生长的 Pinna 属贝类的纤毛织成的布帛，放入水中也不会湿，而如果用 Asbestos（石棉）来织，那织成的就是火烧不着的火浣布。这里讨论的是《康老子》这个故事，至于冰（水）蚕丝的纺织成品其实质到底为何，无需继续追问，只需知道那是稀世珍宝，足矣。

四、阆州莫徭救象得象牙，胡商争购

阆州（四川省旧保宁府治，今阆中）有一位叫莫徭的农夫，一天他在野外割草时，遇见一头大象被竹钉扎了脚，非常痛苦。他给大象拔除了足中的竹钉并处理了伤口，大象非常高兴，以一根大牙相赠。莫徭将这根象牙带到洪州（今江西南昌，古时称豫章），胡商争相抢购，引起了争执，找官府裁断。县府劝他们将此物进献给武则天，并问他们争抢的原因，胡商这才据实相告。原来这一特大象牙中有两条龙，相互盘绕作直立状，可制成珍奇的龙筒，并告知价值好几十万。莫徭将此宝进献给了武则天皇后，武后听说缘由后，下诏命阆州官府每年给莫徭五十贯钱。从此，莫徭一直到老都在领用这笔钱。

这则故事转引在《太平广记》卷第四百四十一中，出自《广异记》。这则故事的前半部分很像罗马奴隶安德鲁克里斯和狮子的故事。我在拙稿

①参见《西域史研究》下卷所收《拂菻问题新解释》，和B. LAUFER, “The story of the Pinna and the Syrian Lamb,” *Journal of the American Folklore*, XXVIII, 1915)。

《希腊、罗马传说故事的东传》① 中曾详细介绍过这个故事的情节，这里仅摘出大意。作为胡人买宝记，这则故事形式不太完整，而且故事只有一个部分，暂且摘录在此。“可绝为简”中的“简”，应该指的是笏一类的东西。

五、天水赵旭自仙女得琉璃球被胡人强行买走

天水（甘肃天水）的赵旭遇见了月宫中的仙女，不仅受到特别的款待，还得到“珍宝奇丽之物”。过了一年多，赵旭的一个奴仆偷走了珍宝中的琉璃珠，拿到集市去卖，碰到一个胡人“捧而礼之，酬价百万”。那个奴仆很惊讶，知道琉璃珠是奇宝，不肯卖这个价钱。胡人逼迫他，两人打了起来。官府调查这件事，奴仆把实情全都供述了出来，而赵旭此时却什么都不知道。那天夜里仙女来了，凄凄惨惨地说：“你的奴仆把我们之间的事情泄露了。”赵旭悲痛得不能自已，但是仙界和俗界的运数本该如此。仙女鼓励赵旭努力修行持道，给他教授指点了《仙枢龙席隐诀》五篇，然后依依不舍地回天上去了。这以后，赵旭精神恍惚自感失落，寤寐之间还回想着仙女的身姿。（代宗）大历初年（766）赵旭在淮水、泗水一带，还有人说在益州（四川）见到过他。

这则故事出自《通幽记》，转引在《太平广记》卷第六十五《赵旭》中。故事的前半部分详细介绍了赵旭和仙女邂逅的经历，描述了那些绸缪欢娱的场景，但这与本文没有直接关系，在此省略。原文最后《仙枢》五篇的结尾写着一句“有旭纪事，词甚详悉”。前一篇莫徭的故事中出现了胡人之间争吵的情景，而这篇故事中则是胡人和卖主之间争吵。虽有不同，但最后都是从争吵发展到了争斗，这一点值得注意。

①《大和》6（1948 年 1 月）所刊。

六、东州崔生自仙女得白玉盒被胡僧出重金买下

开元、天宝年间，东州（今地点不详）逻谷口住着一个姓崔的书生，爱上了每日从自家门口路过的一个姿色美丽的女子。在老婢女的牵线和好姐姐的应诺下，崔生和女子结为夫妇，但是崔生的母亲见这女子妖媚无双，恐不是人，断定“必是狐魅之辈”，让崔生跟她分开。女子听到后涕泪交流，她记恨崔生母亲的猜疑，第二天一早就跟崔生告别，崔生也伤心至极，说不出话来。崔生和女子各骑着一匹马来到她姐姐住的地方话别，女子的姐姐设宴款待崔生，但被崔生母亲疑心阻挠，无奈崔生和女子必须即刻分别。姐姐问妹妹：“你有什么东西赠送给他？”女子就从袖子中取出一个白玉盒子赠给崔生，崔生“恸哭归家，常持玉盒子，郁郁不乐”。“忽有胡僧叩门求食曰：‘君有至宝，乞相示也。’崔生曰：‘某贫士，何有是请？’僧曰：‘君岂不有异人奉赠乎？贫道望气知之。’”于是，崔生“试出玉盒子示僧。僧起，请以百万市之”，买到后立刻要走。崔生问那个胡僧：“那位女子是什么人？”胡僧说：“君所纳妻，西王母第三女，玉卮娘子也。姊亦负美名于仙都，况复人间！所惜君纳之不得久远，若住得一年，君举家不死矣！”

这则故事收录在《太平广记》卷第六十三《崔书生》中，出自《玄怪录》。故事开头讲的是仙女和崔生的邂逅，考虑到与故事后段的衔接，我在此省略了一些这之间的情节。故事重点部分的形式发生了改变，虽变得简单，但还是侧重于胡僧出重金买下白玉盒子这一情节。这个故事里的胡僧具有一看气氛便知宝物在哪儿的感知力，《西域胡商重金寻宝》的第

十节①“严生”讲的也是胡人具有宝物感知力的故事，同样，《西域胡商重金寻宝》的第十九节②中，胡人能够辨别“紫羖羯”这种宝石。有必要把这几个故事做一个对比吧。

七、卢从事卖与胡将军黑马得大金

这是后来当上岭南从事的卢传素住在江陵（湖北省旧荆州府治，今江陵县）时候的事情。（宪宗）元和年间（806—820）他养了一匹别人留下来的黑马，这马其实是传素表侄（母系侄子）的化身。马对主人说：“请把我卖给赤坂门边你遇到的一位胡人将军，能卖七十千（七十贯）钱。”主人按照马说的做了。胡人将军把马买回后第三天夜里，马流出黑汗倒在了地上。

这则故事中黑马是人的化身，这一点算得上是一个异类。故事中出现的不是什么宝物，而买方虽然还是胡人，但身份也不是以往的商人而是将军。这则故事已经远远偏离了这类传说故事的标准类型，但我仍试着将它作为其下的一种变形，归到此类当中。同时，这个故事也能证明当时江陵出现了胡人。该故事收录在《太平广记》卷第四百三十六中，出自作者不详的《河东记》。

八、义兴姚生得“龙食”于仙人，胡商看后大惊

义兴（江苏省宜兴县）有一个张公洞，人称是道教鼻祖张道陵修行的地方，众人谁也不敢进去。当地有一个叫姚生的修道者进去过，他进去后走了大约几百步，周围渐渐明朗起来，又走了

①本书第 48 页。
②本书第 59 页。

十几里遇见两个道士正在下棋。道士问："为何而来?"他回答："为修道而来。"道士又说："大志之士也。"便允许他留了下来。姚生饥饿难耐就向道士要吃的，道士指着旁边的几斗青泥说："吃吧。"姚生试着尝了尝觉得挺香，就吃饱了肚子。道士说："你可以走了，但是此事不可告诉任何人。"姚生再拜而返，他走的时候在怀里悄悄地藏了一些吃剩的青泥。他带着这些青泥上街，偶然被一个胡商碰见，胡商吃惊地说："这是龙的食物。"胡商和姚生一起前去找寻，只见一处漆黑的洞穴，连（通向里面的）路也没有。青泥拿出洞外后变得如石头一般硬，已无法再吃。

这则故事出自《逸史》，收录在《太平广记》卷第四百二十四中。张公洞是一处仙境，对弈的两个道士都是神仙。仙境中的一年相当于凡间的几百年，这一点在世界各地的传说故事中常常可以见到①。仙界里的十二餐饭相当于凡间几百年间的食物，正因如此，"龙食"被世人奉为稀世珍品。故事虽没有直说姚生在洞中看两个道士对弈不过片刻，但说了"馁甚，因求食"，这意味着其实已经经过了相当长的时间（这在其他的故事中也能见到，仙界的几天似乎让人感觉不到凡间已经过了几代甚至几个世纪，但故事里姚生吃"龙食"解除了饥饿，这一点却不假）。胡商恐怕是想买龙食，让姚生带路来到了洞口，但最终未能如愿。这个故事应该可以看作是买宝失败的一个变形。这个故事说明当时义兴已经出现了胡商，这一点信息不可漏看。

①Edwin Sidney Hartland, *The Science of Fairy Tales*, (The Contemporary science Series, Edited by Havelock Ellis, No. 43), London, 1891, Chapters VII – IX: Supernatural Elapse of Time in Fairyland 等，其中有很多相似的故事。

九、徐太尉部将错失“龟宝”，胡人闻之叹息

《金华子杂编》中记述了这样一个故事：

> 龟壳中间的部分称之为“千里”，离头最近的第一节龟壳上有左右两条斜线，与“千里”相连，这是龟王的象征，普通的乌龟壳上几乎看不到。徐太尉彦若赴广南要渡过一小片海，（那时）元随军（？）将军在浅滩忽然发现了一个小玻璃瓶，大小如婴儿的手掌，里面有一只小乌龟，长约一寸，在里面转着圈爬来爬去，片刻不停。瓶颈极小，不知道这只小乌龟是从哪儿进去的。那人把这只瓶子藏到船上，这天傍晚突然觉得有一头船舷变沉，过去一看，只见许多乌龟层层叠叠地往船上爬。那人唯恐在海上遭遇不测，就把藏起来的瓶子取出来，说着一些吉祥话，把瓶子扔到了海里，那些乌龟便纷纷退去了。他把这件事讲给船上的胡人听，胡人说：“那是一种叫作‘龟宝’的稀世灵物，你虽然与之相遇，但未能将其拥有，十分可惜，想来是福运太薄消受不起。如果有人得到它并把它藏在家中，那就不会再忧愁自己的宝藏不多了。”胡商为此叹息不已。

这一篇虽情节不太鲜明，但仍可以将其划分到买宝受损一类中。笔者曾抄录过这则故事，但无奈已经忘记。1943 年发行的由柴田泰助（宵曲）、森铣三、池田某三共同编辑的童话集《琉璃壶》，在第 57—61 页，讲的是《瓶中的小乌龟》。我想知道这个故事的出处，今年秋天致信柴田，恳请告知。很快柴田告诉我，那个童话出自《金华子杂编》，甚至把原文都抄来给我，我对此深深感谢。我想试着做一下校对，翻开了家中所藏《金华子杂编》（《唐人说荟》本），结果发现其中早已添加了红点，并备注“加入

《胡人买宝记补遗》中”的字样。我不禁要嘲笑自己粗心大意①。

十、书生得“破雾珠”卖与胡人

以上几个故事是笔者从唐代的书中拾遗得来，到宋朝时同类传说故事仍在流传，以下摘录其中一例。

> 据苏子瞻（东坡）说，他曾听自己一个位居光禄的祖辈讲过一个故事。一个书生某日坐在一个屋檐下，看到一只大蜂撞到蜘蛛网上。大蜂与蜘蛛互斗，一会儿蜘蛛掉到地上，书生站起来一看，蜘蛛已化作一枚小石子。书生心中奇怪就拿起那小石子，放进了衣袋中。一天他经过集市的时候碰见几个胡商，胡商一见书生都很惊异，纷纷作揖说，能不能让他们看一看神珠。书生满不在乎地拿出衣袋中的石子，胡商纷纷回头惊喜地说：“这是破雾珠。我们在海上采宝的时候常常苦于大雾弥漫，天色昏暗，而有了这枚珠子，自会云开雾散。”于是，胡商花重金买走了这枚破雾珠，据说价值几千缗（贯）钱。

---

①《琉璃壶》第39—44页有一个《仙鹤蛋》的故事，也是此类故事中的一例，但是这本书已经遗失，无法再次参考。为此，我去了国会图书馆本馆、上野分馆、日比谷图书馆和两三家古书店寻找，终没找到。现只能依赖笔记中的只言片语，故事情节自不必说，就连讲述的是否是中国故事，都已记不清楚。听说这是由森先生写的，我便去向他求证，只是他也忘记了，而书也已在战争中丢失，所以根本无从获知。他依稀记得好像在明代祝允明（枝山）的随笔中见到过，如果真是那样，那我就应该把这个故事作为明代传承列举在此。

既然说到明代，那就顺便提及一下，唐朝流传的胡人买宝故事到明朝时，应该还会留存在文化人的记忆当中。比如，王阳明曾作过一首《贾胡行》，内容和我旧稿中的第十五、十六个故事相关，可算作一例。诗中云：“贾胡得明珠，藏珠剖其驱。珠藏未能有，此身已先无。轻己重外物，贾胡一何愚。请君勿笑贾胡愚，君今奔走声利途。钻求富贵未能得，役精劳形骨髓枯。竟日惶惶忧毁誉，终宵惕惕防艰虞。一日仅得五升米，半级仍甘九族诛。胥靡接踵略无悔，请君勿笑贾胡愚。”（四部丛刊本《王文成公全书》卷之二十）

这则故事出自《南墅闲居录》，转引在清代陈元龙《格致镜原》卷三十二中。《南墅闲居录》作者和年代均不详，而且在其目录中也没有标出是何朝何人所作。陶珽《续说郛》中虽收录了其中的两三个，但却未有这则故事。据我考察，其他著书也未见收录这则故事，所以本文就以《格致镜原》为准①。其实《古今图书集成》中有一条提及过这则故事，但现今笔记丢失，而我又无法想起具体出处。文中"蛮人"是中国人指称外国人的称呼，原意并非是指野蛮人。故事最后缺少商人抬高宝物价格的情景，这和形式完整的故事相比，相去甚远。

十一、东传日本此类故事之补遗

笔者在旧稿中指出，这类传奇故事也流传到了日本，有的还经过了改头换面，并举出过一两个例子。其后，经森铣三先生指点，我知道了在据说是由林子平之父林良通撰写的《寓意草》② 中也有同类故事。试着一找果然找到两条，大意摘录如下。

（A） 长崎的鱼石 （异传）

长崎有一个做官的人。一天，一个红毛人前来拜访，注意到了厕所旁的一块石头。三年后，红毛人再次来访，说要买下那块石头，并留下金五两作为定金。官人觉得不可思议，但时间一久，也就把和红毛人的约定忘得干干净净。过了六年红毛人都没有再来，而官人却突然记起这件事情，他切开石头来看，只见从中流出来一条红鱼。正在这时，那个红毛人来了，见石头已被切

①中国类书中引用的所谓"某书云"，多数场合与原书并非完全相符。校对《格致镜原》中的引用，发现与原书也存在一些出入。我无法保证这则故事是否与《南墅闲居录》的原文一模一样，但故事大意绝对没有差误。

②本文收录在大田南亩（蜀山人）编《三十辐》所附《新三十辐》中。《国书刊行会丛书》本《三十辐》第三卷第78页。《寓意草》作者不详，据真山青果考证是林良通撰写，据森铣三先生讲该说法可信度很高。

开甚为叹息。问及原因，红毛人说，把这块石头打磨至能够看见里面的鱼为止，人看着鱼在其中悠然自得地游玩，便能怡情养性，长寿不老。

旧稿中笔者引过柳田国男《日本昔话集·长崎的鱼石》①，和这篇大意稍有不同。那一篇故事中，原本中国场景下由“胡人”扮演的角色变成了“唐人”，而在这一篇中则变成了“红毛人”。

（B） 常陆国某人卖亏鱼石

这一篇讲的是常陆国某人的故事。

筑波山的山脚下住着一个人，一天来了一个买石头的人，在院子里的石头中找来找去。最后他指着其中的一块说要买，说好价钱是金一两，某人觉得有些不可思议，但因为这是桩好买卖，所以就好心用水清洗了石头，还擦掉石头上沾着的泥土、灰尘。买石头的人在那座山里继续找石头，等回去的时候又路过某人的家，便进去，见石头已被清洗，大失所望。问及原因，他说，石头里有鱼，那是宝贝所在，但现在恐怕已经死了。他们切开石头一看，果然从中流出一条红鱼，可惜已经死了。

笔者在《民俗学》中介绍过的、至今仍在民间口头相传的传奇故事（B）类，如［7 裙］、［4 时辰钟］、［17 烟管］、［16 青葱—停风珠］等故事，和这一篇都有相同之处。讲的都是因为多余的好心，反而破坏了宝物的魔力，从而错失了赚取大钱的机会。故事中没有交代买石头的人最终有没有买下鱼已经死掉的“鱼石”，也许他会撇下石头一走了之。

---

①本书第 61 页。

隋唐时期传入中国的伊朗文化

汉魏六朝时期逐渐进入中国的伊朗文化，至隋唐时，其传播更加繁盛。如果从中国与外国文化关系这个角度来把握中国历史，那隋唐完全可以称得上是伊朗文化全盛的时代。不仅宗教、绘画、雕刻、建筑、工艺、音乐、舞蹈、游戏，就连衣、食、住，特别是服饰和饮食这两方面，都深受伊朗文化的影响（13世纪、14世纪蒙古统治的元朝，被伊斯兰文化覆盖，伊朗文化的东渐也相当繁盛。因此，隋唐时期伊朗文化的传播程度也只是空前，而非绝后）。

究其原因，其一，隋唐时期，中国与中亚和近东地方的交通往来逐渐频繁，自北走陆路，自南走水路，伊朗诸民族以远远超出前辈的数量涌入中国各地。其二，阿拉伯等族人以经商为由，随伊斯兰教的传播大量涌入中国。中国北方除了长安、洛阳，还有作为交通商业要地而闻名的西北的敦煌、凉州，以及东北的营州（今辽宁朝阳）等地，而南方的海港则有龙编（属交州，今越南河内）、广州、泉州、杭州，长江沿岸诸港则有扬州、洪州、荆州等地。这些地方无一例外都聚集了大量来自波斯和阿拉伯国家的商客，商客们往来于此做着贸易。此外，还有同西方诸国使节一起入朝的西方人士，以及离开家乡专程到长安、洛阳来游学的人，加起来数量庞大。隋唐时期盛行西域的文物，尤其是伊朗地区的文物，想必也是源于上述情形。对此，以下分别从几个主要方面来依次概括。

一、宗教

（A） 琐罗亚斯德教 （祆教）

说到宗教，首先要说的便是可称之为伊朗国教的祆教（更准确的名称应该是琐罗亚斯德教［Zarathustra］，但这里遵照习惯用法称为祆教）。这种宗教自唐初以来在中国就被称为祆教，但其却并不是唐初才传入中国的。这种宗教自北魏就已经在中国北方开始传播，在北朝的周、齐，上至王公将相下至寻常百姓都信奉这种宗教，这已是众所周知的事实，只是到了隋唐时期祆教更加盛行一时。齐和隋朝都设立了专门管理国内祆教信徒的特殊官职，唐朝也保留着同样的官职，由此可见一斑（齐和隋朝称这个官为萨甫、萨保，唐朝时称为萨宝。而关于词源，国内外的学者之间多有分歧，尚无定论。有一种观点认为这个词是直接从中期波斯语［Pahlavi，Mittelpersisch］音译过来的，我对此几乎没有异议）。唐中期——玄宗开元年间对官职进行了很大的变革，但即便在那个时期，这个官职也没有被废止，仍然得以延续。这足以见得当时的祆教教徒人数绝对不少，而朝廷也对此严加管理，一日都没有疏忽过。

祆教信徒主要限于那些往来于中国的西域胡人，即使有中国人信这个教恐怕也是极少数。之所以作此论断，依据有二。其一，当时几乎都是由胡人，即具有伊朗血统的西域人来出任萨甫、萨宝一职。其二，在近年中亚探险陆续发现的文献中，并没有出现一本汉译祆教经典（当然，从理论上讲，未发现相关文物并不能证明祆教不存在，但大致倾向依此还是能够判断出来一些）。祆教教徒在当地参拜圣火祭坛，保留着和自己本国国内一样的仪式和仪礼。而作为管理者的萨宝就像伊斯兰教教徒中的宗教领袖，同时也执行着类似宗教律法的法官职责。本国并没有礼拜神像和其他偶像的风俗，因此进入中国的祆教其形式发生了一些改变，祠堂等也多少出现了一些差异。我们可以试着想象一下，祠堂里供奉着某位偶像，而胡人面向这位偶像也曾祈求过现世的一些利益吧。据斯坦因发现的唐代中国西陲地方志记载，伊州地方的确能见到此种光景。伯希和发现的敦煌石室古书也记载，当地附近的祆庙里供奉着神像，这些都可以提供一些证明。除此，据说宋初有人画了一幅祆神的画像并对着祈求礼拜，由此也能想象一下唐朝时的景象。从前的记录和考古新发现的资料显示，长安城内建造有好几座祆祠，洛阳、凉州、敦煌、伊州等地也建造有祆祠。同时，也可以借此想象一下祭礼中伊朗特有的风俗习惯。祆教的祭礼中有各种各样的杂艺，其中也包括魔术，这或许是祭仪的一部分。这些杂技是伊朗文化的精华，声名远扬。但我们要记住，这些杂技并不只是跟随祆教的流布才传入中国，而是在汉代以后随东西交通东传而来，到了隋唐大放异彩的。祆祠并不只存在于上述几个城市，在中国内地，大概有伊朗人的地方就会有祆教神祠，这一点足以想象。而唐代舒元舆所撰永兴县重岩寺的碑文或许能够为此提供一些证明。现已证实，宋代都城汴京（开封）和镇江都有祆祠，据此也可推断，这些地方在唐代就已经出现了祆祠。

传入唐朝的祆教以流寓往来的伊朗人为主要依托，在中国生根开花，至唐末武宗会昌五年（845），在佛教备受迫害之时也遭到了禁止，并由此走向了衰落。但五代至宋元时期祆教教徒犹有残余，这一点从各地依然存在的祆教祠堂便可得知。

（B）摩尼教

同时代东传至中国的第二大伊朗系宗教是摩尼教。摩尼教是 3 世纪初由波斯人摩尼（Mani; lat. Manes）在祆教基础上糅合了耶稣教、佛教、巴比伦尼亚古宗教、希腊哲学的不可知论（Gnostik; Gnosticism）等而成立的一种宗教。由于祆教教徒，摩尼教在国内受到了残酷的迫害并被驱逐出国，也正因此，摩尼教才逐渐从中亚传到了中国。在这一点上，摩尼教和祆教同样都把东方作为了传道的通道。中亚各民族中，粟特人最热衷商业活动，在各地广泛从事交易，因此粟特人成为摩尼教传道的中坚力量。据说摩尼教是建唐以后，于则天后延载元年（694）传入中国的。摩尼教因为本身混合了多种宗教，因此显示出了非同凡响的包容性。祆教是国民色彩强烈的宗教，与此相反，摩尼教则具备了世界宗教的性质，能够在任何地方的民众之间进行传播。东边的粟特·巴克特里亚的居民、北亚的阿尔泰族、靠近蒙古草原的土耳其民族，到南方的汉族之间，均广为流传。西边则从非洲北岸各地到欧洲大陆的一部分，占据了相当广阔的地盘。近年新发现的史料中有中古波斯语、粟特语、土耳其语、汉语、科普特语（古埃及语）等的经典，这足可见摩尼教传播范围之广。尤其是 8 世纪中叶，该教传到了回纥，几乎成为该族的国教。回纥的可汗认为摩尼教的僧侣是无上的智者，让他们做自己的政治顾问，甚至让他们参与国政机要，这些都是有名的史实。而传入唐朝的摩尼教也拥有很多汉人教徒，汉译经书的存在便证明了这一点。但需要注意的是，唐中期以后，中国的摩尼教教徒大部分都是旅居中国各地的回纥人。代宗大历三年（768），在回纥人的请求下，都城长安建造了摩尼教寺院——大云光明寺。过了几年，荆州、扬州、洪州、越州等长江流域的各地都建造了名为大云光明寺的摩尼寺，这基本上都是回纥人请求的结果。宪宗元和二年（807），在同样的情况下，洛阳和太原也建造了同名的寺院。而早在开元二十年（732），唐朝朝廷就已经认定摩尼教为邪教，禁止中国人信奉，但是对回纥人和其他西域人却网开一面，认为那是他们的风俗而不闻不问。因此，唐朝时期回纥人和西域人信奉摩尼教的时间相对较长。但是在会昌废佛之际，摩尼教却先于其他宗教遭到了禁止（会昌三年，843），此后便一蹶不振、好景不再。

然而，摩尼教教徒在各地残存的人数却超过了祆教教徒。从宋元到明代，那些残存的教徒仍以种种形式活动在中国南方的一部分地区。记载摩尼教教义、制度等内容的资料本来就十分欠缺，所以要想了解中国摩尼教的教义、寺院制度、僧侣级别、经典种类等内容，就像是大海捞针。但幸运的是，近年新发现的史料，如国立北平图书馆里珍藏的名称不详的经典残卷、伦敦的大英博物馆和巴黎国家图书馆分别所藏的《摩尼光佛教法仪略》等，可以澄清我们的一些疑问。矢吹博士经常执笔于此方面（如岩波讲座“东洋思潮”中的“摩尼教”等），这里不再赘述。术语中相当一部分是直接把伊朗的原语音译过来（多是中古波斯语或其方言之一的粟特语），也有为了让中国人听得习惯而巧妙地假借一些佛教、道教用语的。显然，这样的做法也推动了宗教的传布（结果在最权威的道教经典《道藏》中居然发现了摩尼教经典。原因之一大概是，摩尼教在被禁止之后，曾尝试用披上道教外衣的方法来传道宣教）。

摩尼教教徒遍及中国各地。有一点必须要说明的是，他们在传道宣教的同时，也把各种各样的西域文化广泛传播到了中国各地。其中，伊朗历法中的粟特元素也被传到了中国，这一点尤其引人注目。日月火水木金土这七个表示一周七天的名称，正是通过粟特语传入中国的。这在东西文化交流史上也是非常有趣的一个事实，不可忽略，正如自唐代、五代至宋代的历书中出现的这样：

日曜日（星期天）称为“蜜”，来源于粟特语中的 Mīr。

月曜日（星期一）称为“莫”，来源于粟特语中的 Māq。

火曜日（星期二）称为“云汉”，来源于粟特语中的 Wnqān。

水曜日（星期三）称为“咥”或“滴”，来源于粟特语中的 Tīr。

木曜日（星期四）称为“温没斯”或“温没司”，来源于粟特语中的 Wrmzt。

金曜日（星期五）称为“那”或“那歇”，来源于粟特语中的 Nāqit。

土曜日（星期六）称为“鸡缓”或“枳浣”，来源于粟特语中的 Kēwān。

这些名称在唐中期流通的汉译佛典《宿曜经》和《梵天火罗九曜》中也能见到（这两部虽被称为佛典，其实更应该算是俗信之书）。尤其在解说七天中每一天吉凶的《七曜历日》这种专业的占星书中更为常见。五代至宋初的有些历书中出现了其中一部分，有些则出现了全部，而种种迹象也表明，把这些传给中国人的应该是摩尼教教徒。这一周七天的名称（至少其中一部分），在时间上，经五代、宋代传至以后，近年在中国南方沿海仍有残存；在地理上，则跨越海峡传至日本，在日本平安朝末期至镰仓时代的历书中都留下了痕迹。从藤原道长有名的《御堂关白记》、兵部卿平信范的日记《兵范记》、源俊房的日记《水左记》、藤原家实的《猪隈关白记》等所使用的纸料上的“具注历”中可以发现，代表星期天的日子旁边都标着“蜜”字（或其简化字），这说明当时的历书编者从上述佛典中了解到了相关知识，而《七曜历日》也被入唐僧介绍过来，所以负责编写历书的人便根据这些记录了下来（僧宗叡编写的外籍佛典目录中也收录有《七曜历日》，只可惜这部书现在日本和中国都已经遗失，因此无法了解其内容。伯希和博士在敦煌发现了这部书的唐写本，震惊了学界）。除此以外，日本还发现了很多没有日记记载的具注历的断简，自镰仓、室町时代一直延续至庆长年间。但在今日我们了解的内容中，除“蜜”日以外，其余六天的原名均未出现。这似乎和五代之后中国只有记录星期天（蜜）的历书相关。会不会是因为摩尼教教徒把星期天当作特殊的斋日而尤为重视，所以只有这一天标注了名称，而其余则没有呢？其实摩尼教教徒尽力传播的宗教文化以外的东西不止历法，他们还致力于其他很多方面。在土耳其族教徒留下的摩尼教经书中，甚至还出现了《伊索寓言》中的动物寓言故事。这些摩尼教教徒要借着怎样的机缘，向东方推介何种西方文化？很多问题都值得思考。摩尼教教徒经常用一些金碧辉煌、五彩斑斓的插图和内页来衬托佛典的庄重，这似乎也给中国的书籍形式等带来了影响。今天吐鲁番一带发现的南北朝时期的古钞佛典，已经证实了有在佛典内页画上简洁的佛像彩画这一做法。或许是因为受到了摩尼教教徒风气的刺激，佛像并没有被描画得极其美丽，这一点虽然目前尚未有直接证据可以证实，但也并非完全难以想象。唐代书写的佛名经等中常见的简单描画佛和菩萨的插图画，还有据猜测很有可能在唐代中国也存在过的日本《过去现在因果经绘卷》，如果可以确定这种风格的佛典既不是传承印度的潮流，也不是唐人自己的创造，那么首先能想到的，应该就是来自摩尼教的影响吧。我并不是要妄自武断地说，严岛的平家纳经和各种扇面古写经都和摩尼教经典有着外在形式上的关联，只是想站在中间立场揣测一下，那些从摩尼教教徒身上得到的些许启示是否真实存在过。

（C） 聂斯脱利派基督教 （景教）

同时代从西方传至东方的第三大宗教是耶稣教聂斯脱利派，中国称之为景教。众所周知，耶稣教产生于犹太人中间，并非伊朗文化的产物，只因聂斯脱利派被正统教派视为异端加以迫害，所以才把势力转移到了东方。聂斯脱利派传入伊朗地区后，十分盛行，便继续向东传入了中国。毋庸置疑，聂斯脱利派正是在东传的途中受到了伊朗文化的影响。当时中国经典中出现的术语，除了用宗派本来的叙利亚语书写之外，也使用了中古波斯语。甚至连起源于犹太地区的固有名词，有些也是按照中古波斯语或其分支粟特语的语言形式音译过来的。而那些传教僧中也的确有波斯人，就连历法，教徒们也是按照波斯萨珊王朝的历法来操作的。因此，不如把聂斯脱利派宗教看作是贴有伊朗标签的一种东西。在新疆地区发现的与该教相关的史料中，有很多用中古波斯语及粟特语书写的经典。中国可以算是聂斯脱利派文化更东边的一个分支，由此说来，聂斯脱利派也的确算得上是东渐中国的伊朗文化之一了。

唐太宗贞观九年（635），耶稣教聂斯脱利派传入中国，太宗派宰相房玄龄、魏徵等将其引入宫中，并准许传教士翻译其经典和在唐传教。3 年后，太宗命人在长安城中为其建造了一座寺庙并度僧 21 人。太宗做过的这些业绩想必大家都很了解，这里不再赘述。需要注意的是，起初这座寺庙被称作波斯寺，传教僧也被称为波斯僧，在唐王朝，这门宗派被看作是波斯的一个宗教。自那以后，聂斯脱利派在中国的兴衰，不仅在 781 年立于长安的有名的《大秦景教流行中国碑》的碑文中有所记述，而且从当时的一些诏书中也可见一斑。与祆教不同，聂斯脱利派的信奉者不仅有在留大唐的西域人，也包括中国人。从传入中国初始，其经典就被译为中文，在弘法时被供奉。而且，为了便于在中国布教，他们还特意编撰了教义书籍。这些书籍起初大概是由不精通汉语的西域传教士来翻译编述的，所译经文极其晦涩难懂。而其后的经文，行文整齐，想必定是经过有文化的唐人信徒之手修改过。就像景教碑上篆刻的介绍教义和沿革的文章，据传是由西域人 Adam（景净）所撰，但文辞巧妙，看起来更像是出自唐人之手。法国伯希和教授也承认，景教碑碑文中的结构和用语有《文选》中《头陀寺碑文》的影子，认为这是由精通古典的唐人所作，并对此深信不疑。景教教徒起初是在长安、洛阳活动，随后其活动范围逐步增大到今宁夏到四川各地，这些地方府州都修建了景教寺。会昌五年废佛之际，景教继摩尼教之后和袄教一起受到了波及，遭到了禁教的厄运，情势一日而下。但和其他两教一样，景教也有残存的信者，这在宋代的地方志里能找到证明（按照教徒的说法，比如景教碑文显示出唐王朝对景教垂恩有加。但在旁观者看来，唐王朝也无非只是一番好意，更何况这里面还包括很强的政治意图，至于是否尊重景教教义，这还有待考证）。

和唐朝的耶稣教有关的，除了景教碑文和那几条圣旨以外，始终找不到什么像样的史料。近年欧洲人进行了一次中亚探险，发现了高昌的旧址，还从敦煌千佛洞里发现了被遗忘近千年的新史料。其中有些史料已被转交给中国和日本的学者，逐渐真相大白。比如景教经书的汉译残本《一神论》《序听迷诗所经》《志玄安乐经》《宣元至本经》《景教三威蒙度赞》《尊经》等，有的发现了全本，有的只发现了一部分。据《尊经》所载，除这些以外还有很多汉译经典。虽然对这些经典的研究还未完全透彻，但在东西方学者艰辛的努力下，很多地方都已解读清楚。结合这些研究去读经典，你会清楚地发现，景教为了中国化，不惜改变自己的本来面目来顺应中国的传统思想。如像尊崇上帝和耶稣一样尊崇中国的皇帝、重视中国思想中的忠孝等，景教吸收了耶稣教里原本没有的内容，并继续扩展教义，最终发展成为镇护国家的护国教。这些以前都是鲜为人知的事情，是日本学者羽田博士将其公之于世的，对此我深感欣慰。景教在唐朝之所以拥有那么多的唐人信徒，我想原因就在上述的那些事情当中。

聂斯脱利派以景教的名义在中国传播时，并不是照搬原样、毫无改变，如前所述，传入中国的聂斯脱利派已经或多或少地染上了伊朗的色彩。景教碑文中用叙利亚语书写的僧侣的名字中，有像 Mahdād Gshnasp 和 Mushhadād 这种一看便知是波斯人的名字。而立这块碑的施主 Idzdubzid 也是吐火罗国（Tukhāra）的一个叫作 Balkh 的人，这一看便知是伊朗人。谁能说这些都没有给景教染上伊朗色彩呢？作景教碑文的景净也曾参与将粟特语《大乘理趣六波罗蜜多经》翻译为汉语的工作，他精通胡语、粟特语，作为有过这种经历的伊朗人，应该说他也给景教增添了一抹伊朗色彩吧。景教究竟是不是伊朗化了的聂斯脱利派？这还有其他的例证可以证明，如景教教徒使用的历书不是叙利亚式而是波斯式。正如摩尼教教徒用粟特语来称呼七天的名称一样，景教教徒则用中古波斯语来称呼它们，这一点值得注意。景教碑文的日期中把星期天音译成耀森文，这在当时的其他文献中还曾被写作曜森勿，这两者都是中古波斯语 Evshambat 的音译，在新波斯语中写作 Yakshambah。不仅是中国的景教教徒，整个东方的景教教徒，甚至土耳其族的景教教徒之间也是如此（为避免烦琐，此处省略星期一和其余几天的名称说法，相关内容可以参阅前述摩尼教一节中的《宿曜经》，还可参阅瑞士 Huber 和日本榊亮三郎博士等人的研究）。景教教徒不用叙利亚语和希伯来语，而是选择用中古波斯语来表示七天的名称，这虽然只是一个很小的例子，但折射出聂斯脱利派被伊朗文化同化的一面。后来传入的伊斯兰教（在中国北方甚为流行），用语中出现了大量的波斯语，这也说明了伊斯兰教不仅仅用阿拉伯语来传授教义（伊斯兰教在东渐的过程中是否始终保持着本来的面目，这仍需考察）。

在这一节的最后，我需要补充几点。景教和摩尼教一样，在其汉译经典中常能见到佛教用语和道家常用语句，这样做是为了让中国人感到亲切。更有甚者，在某部经典中居然原封不动地抄录了老子《道德经》中的一节，还加上了道家的注解。在景教碑文中，“法师”“上座”等中国佛教用语被直接音译成叙利亚语，这从 papas（fapshi）、shiangtsu（shang-tso）的词形上可以判断出来。那天主、天使、耶稣、使徒等的画像是按照佛像、菩萨像、天部像来描绘的吗？斯坦因在敦煌千佛洞发现的一幅画可以证实我的想象。在一尊看起来像是地藏菩萨的站立像的顶部和胸部，留有这样一些痕迹，好像是挂着跟景教碑上部中的十字架有些相像的东西。从这一点便可判断，这是一幅与耶稣教有关的画像，可以归为佛教美术样式下的一类。同时这也让我的想象找到了落脚点（英国 A. Waley 把这幅画第一次展示给了世人，但他怀疑这幅画是否真正与景教相关。但无论从十字架，还是从面部［尤其是胡子的形状］，抑或是从冠式，都表明和耶稣教有关)。(高昌旧址中发现的景教寺壁画中，也有一些丝毫未经佛教美术的熏染。或许在其他地方也存在着同类画像)

二、艺术

（A） 绘画

谈及艺术首先就会想到绘画。可惜那些深受伊朗影响的绘画作品现存数量极少，只有将极少的间接资料和各种文献进行对照才能下定论，否则无从猜测。但是不得不承认，隋唐时期的绘画作品的确受到了很多伊朗文化的影响。唐初久居长安的康萨陀，是撒马尔罕的画家，在他擅长的奇禽异兽画中，应该会有一些带有强烈的伊朗风格吧。当时还有一位更具盛名的画家尉迟乙僧，他是于阗国（Khotan）人，与父亲尉迟跋质那一起在长安画佛画和外国事物，被称为一代名手。他利用晕染作出的画，远望栩栩如生，被称为凹凸画，带有明显的伊朗风格。敦煌及西域各地发现的佛画，无论巧拙，在手法上都让人觉得与尉迟乙僧的凹凸画如出一辙，洋溢着浓烈的伊朗风情。朱景玄《唐朝名画录》和段成式《寺塔记》，可以让我们大致了解伊朗风格的凹凸画为何物，如今再加上这些新发现的佛画，我们脑海中的想象便会更加具体真实。还有唐朝最有成就的大画家吴道玄，据文献考证，他似乎也受到了凹凸画的影响，比如宋朝苏轼、米芾等在文中就评论过他的画迹，苏轼说“道子（吴道玄）画人物，如以灯取影，逆来顺往，旁见侧出，横邪平直，各相乘除，得自然之数，不差毫末”。正是“如以灯取影”这一句道出了凹凸画的风格。而吴道玄的弟子卢稜伽、杨庭光、翟琰等人，或许学会了老师的这个绘画技巧，并将其发扬下去。在吴道玄的作品中，不仅是佛画和人物画等受到了伊朗画风的影响，山水画亦是如此，据张彦远《历代名画记》，吴道玄在山水画中应用了阴影法，开拓了风景画新画法。传世的吴道玄之作都是后人的摹本，并非真迹，那些画中的所谓凹凸画手法虽不被认可，但仔细研读唐朝文献会发现，吴道玄的真迹中或多或少都会存在着一些西域画的影响。在敦煌等地发现的绘画作品，既然只是长安和洛阳那些流派的分支，那么想想看，这种倾向也绝非吴道玄等两三位名家仅有，唐代其他的一些画家应该也不同程度地受到了伊朗风格的影响。有人说，凹凸画这种画法产自印度，它的源流就像阿旃陀壁画里看到的那样。但不管怎样，这种画法是通过伊朗文化圈传入中国的，因此，把它称为是一种伊朗风格也别无大碍吧。

（B） 雕刻以及工艺等中的独具匠心

从现存的雕刻作品来看，隋唐时期的样式和六朝时期的风格迥然不同，但那是自前代以来其自身发展演变的结果。那种齐整艳丽的工艺虽很难说深受伊朗手法形式的影响，但是作品中雕刻的图案及其构思，却往往能让人感受到一股西域之风。如唐太宗昭陵玄武门内的六骏浮雕，均为三花马鬃，这和波斯萨珊王朝银器上常见的王侯骑坐的骏马如出一辙，明显是沿袭伊朗风习。西安碑林里的石碑，有的侧面装饰着线条极其流畅的浮雕图案，其中《大智禅师碑》的侧面雕刻着头戴宝冠的菩萨像，宝冠的正面有一轮新月，这轮新月毫无疑问是伊朗风格，这在波斯萨珊王朝的石雕和货币的国王雕像上同样可以见到，在近年法国探险队发现的带有阿富汗伊朗式风格的佛像雕刻（巴米扬，Bamian 石窟所在地）中也能见到。据我所知，首次向世界公布这一事实的是探险队成员之一的法国东洋学者阿坎（Joseph Hackin）。饶有兴味的是，这种构思设计居然会远播到中国中部，比如北魏的云冈石窟雕像、北齐的敦煌壁画佛像和菩萨像。而到了大唐，这种设计构思则更多，甚至，这种风潮还漂洋过海传播到了日本（关于这一点，阿坎先生已经列举了一两个例子，据笔者调查还有相当多的实例）。除此以外，通常在墓门和墓室壁画上作浮雕装饰的画像石，部分用作往来于中国的伊朗人的骨灰盒等收容器物，这样的东西有两三例。这些手法和构思是纯伊朗风格，想必是出自伊朗籍工人之手。而如果是出自唐人之手的话，那就不得不承认其所受到的伊朗影响非常强烈。科隆（Köln）东亚艺术馆、卢浮宫博物馆、纽约大都会博物馆等馆藏的这种雕刻，和龟兹古城遗址壁画人物所穿的衣裳服饰，样式完全相同。虽然龟兹的土著民是不同于伊朗的雅利安人，但因其文化深受伊朗的影响，所以石雕的雕刻样式也明显带有伊朗风格（西洋的某位学者认为雕刻的是龟兹王的一行使臣，虽说目前这种观点毫无根据，无法赞同，但细想一下这种观点的思考动机中也有一定的合理性）。也有人认为这种人物的群雕是隋朝以前的东西，在此暂且视其为唐朝的东西来做一探讨。

这种伊朗风格的要素不仅出现在雕刻中，在一般的美术工艺作品中也都能找到。借此机会，我把绘画、雕刻、纺织及其他工艺品中最引人注目的伊朗式装饰意趣做一概括，希望能够借此来推想一下当时西域文化对各个方面的影响，如真能起到抛砖引玉的作用，倒不失为一幸事。首先在雕刻方面，西安碑林保存的三四块石碑，其侧面、基石和碑座等地方都装饰着富丽的唐草花纹，充满了伊朗情调（《道因法师碑》《隆阐法师碑》《邠国公功德碑》《大智禅师碑》），其中有一种很像忍冬唐草的纹饰自古就已传入中国，并非始于唐朝，是直接从伊朗的叶形纹饰（Acanthus）演变而来。还有葡萄唐草纹，都是当时受人喜爱的代表性纹饰图案。其次在纺织工艺方面，日本正仓院宝物古代织物残片和法隆寺四天王纹旗中的狩猎纹，在唐朝也常被使用，这也是波斯萨珊王朝最具伊朗特色的纹饰。还有把小珠子排列成圆形或方形的联珠纹（连璧纹、串珠纹，即把珠子穿成一串圆形）也常被使用，正如大家所知，这也是一种常见的伊朗纹饰，在前面提到的墓门模型雕刻和大都会博物馆所藏石造佛像台座上都清晰地存在着。除此以外，萨珊王朝很有特色的花衔鸟纹饰也深受喜爱，正仓院尊藏的镜子背面就装饰着这种出彩的浮雕。当时的唐朝应该也有很多脖子上佩戴着细布装饰物的人物像，以及佛像和飞禽走兽像，这些都具有鲜明的伊朗风格装饰意趣。即便这些遗迹迄今留存绝少，但那些被认为是传自中国，或模仿中国的日本奈良朝鼎盛时期的藏品，也不难证实那些都曾经在中国存在过。将马鬃束成三绺、五绺的被称作三花、五花的装饰方法也是伊朗风格，有一种说法认为这应该去波斯一带的游牧民族中寻找本源，但至少我们无法否认，隋唐时期这种装饰意趣的摹本是波斯产物（三花、五花常见于咏马的唐诗中）。很多帝陵前后安放的石兽中都有带翅膀的天马，这也是伊朗风格，不仅作为雕刻，也常用作工艺品的纹饰图案。日本天皇御用的物品中有一个银胡瓶，也镶嵌着带翅膀的天马图，且看名称便知其具有伊朗形态，当时在中国作为实用品的东西，恐怕已经找不到了，但明器（陪葬品）中出土了很多格调高雅的“三彩”，日本正仓院的宝物中也有很好的漆器制品。有人认为在树下面对面对称地出现一对动物（羊、鹿、雉等）的样子也毫无疑问属于伊朗风格；而树下站立着人物（尤其是妇女）的树下美人图应该也是伊朗式的。中国现在已经没有能够证明前者的实例了，但日本正仓院的宝物中，应该有一些可以让我们推想出唐代中国曾经存在过这些东西。对于后者，现在虽然没有确切的实证，但因其携带的伊朗风格，有朝一日一定也能将其证明，毕竟与到印度去寻找纹饰图案起源的说法相比，这一点的可能性要大很多。

（C） 音乐和舞蹈

隋唐时期西域音乐风靡一时，但此情景并非始于隋唐，南北朝时期就已经出现了很强的苗头，到了隋唐异常显著起来。说到乐曲，宫廷中常用的康国乐、安国乐、龟兹乐、高昌乐、疏勒乐等无一不是来自西域。那时凡是说到“什么什么乐”，一般都包含与之搭配的舞蹈，不用说，这些或直接或间接，指的都是伊朗风格的音曲。康国乐是撒马尔罕（Samarqand）的音乐，安国乐是布哈拉（Bokhara）的音乐，龟兹乐是库车（Kucha）附近的音乐，高昌乐是吐鲁番（Turfan）地方的音乐，疏勒乐是喀什噶尔（Kashgar）附近的音乐，这些都是伊朗文化圈各国的音乐。那些有名的乐工和舞者，有相当一部分是从遥远的伊朗文化圈西域诸国来到中国并在此居住下来的，如历史上有名的唐初龟兹国的白明达和布哈拉的安叱奴，都因唐高祖喜爱胡乐而受宠腾达。自那以后，胡人音乐家在唐朝宫廷深受重视，乐府中大多数的伶人和乐工都是出身西域的名家，如中亚粟特米国（Maimargh）的米嘉荣及其子米和，还有可以肯定是米国人的米禾稼、米万槌，出自曹国（Kabdana）的曹保、曹善才、曹刚，来自康国（Samarqand）的康昆仑、康迺，来自布哈拉的安万全、安哲新等，都很有代表性。伴随着这股风潮，西域的乐器也得到了广泛的使用。在西域音乐如此盛行的当时，长安、洛阳充满了西域的异国风气，白乐天的好友中唐诗人元稹（微之）对此曾曰："女为胡妇学胡妆，伎进胡音务胡乐。"王建也曰："洛阳家家学胡乐。"通过这两首诗能大致了解当时的社会风气。元稹所说的"胡"应该可以解读为同属伊朗文化圈的西域之地或者人民。即便不是那样，久留唐朝的北狄中也夹杂着许多冒充北族的西域胡人，还有不少伊朗系的文物也混杂在其中。由此说来，把这里的"胡音"和"胡乐"看成是西域的音乐，也实无大碍。

随着音乐，伊朗舞蹈也纷纷传入，尤其以胡旋舞、胡腾舞、柘枝舞最为出名，其情景在唐代诗文中留下了不少的记载。胡旋舞主要是粟特一带的特技，是由女子表演的一种快速左右旋转的舞蹈，有时好像也在小圆毯上表演。胡腾舞起源于今塔什干（Tashkent）一带，当时中国把它和胡旋舞一起列入"健舞"中，从这点来看，这种舞蹈应该相当激烈，多少带有一些特技的味道。柘枝舞也是健舞的一种，似乎也是从塔什干一带传入，它由两名身着五色绣罗宽袍、头带胡帽、身垂银带的女童随着节拍银铃响起舞蹈，极其华丽；两名女童开始好像藏于莲花中，花瓣开放，人露出，继而对舞。在健舞中还有一种叫拂林的舞蹈，不清楚具体是怎样的一种跳法，但从名称想象一下，大体是一种西域风格的舞蹈。现在日本宫廷和其他外传来的雅乐，如兰陵王、钵头（拨头）、苏莫遮等中，还留有多少唐朝舞乐的风貌？这也成了一个很大的疑问。但那都是从唐朝盛行的舞曲中流传而来，本源是西域，所以毫无疑问，应当都同属于伊朗舞曲的流派。尤其是苏莫遮，原本是撒马尔罕的独特产物，也被称为乞寒或泼寒，起源似乎与农耕巫术礼仪有关，后跟音乐结合而舞曲化了。经北方民族传入中国的苏莫遮好像是骑在马上的舞蹈，它的种类应该不止一种。据说玄宗皇帝喜欢观赏此舞。以上，我对唐朝的音乐舞蹈深受伊朗影响进行了简略记述，想必各位读后能从中了解大致吧。

（D） 杂技

杂技也就是所说的各种魔术、杂技和杂要，自汉代以来就已经由西域传入，并非始于隋唐，但却在隋唐以后得到了极大的发展。从吞刀、吐火、要球、舞剑，到走钢丝、爬竿等等，或出自西域，或洋溢着浓烈的西域风情，受到了社会上下各个阶层的广泛欢迎。汇集多位西域高手的杂技，被记录在了诗文和随笔中，随处可见。杂技具有表演性质，因此有时会在贵人的府邸内表演。据说地处长安城内繁华地段的大慈恩寺、青龙寺、法寿尼寺院内和寺门前，都有常设的戏场，想必这些地方也经常会表演杂技。

打毬是一种自娱自乐的游戏，并不是为了给观众表演。这是波斯的国技，也有些来自伊朗，而且技艺非常高超。原名不清楚叫什么，现在东西方广泛称之为Polo，语源似乎是来自藏语。据说其于唐初从吐蕃（西藏）传入中国，太宗时期风行一时，起初流行于军队，后扩大至文官和女子之间。这股流行之风直至宋朝、元朝、明朝，还跨海传至高丽，也在平安朝时期传入了日本（近年有一种新说，提出在大化改新之前就已传入，这里不再深入）。诗文中多记载唐朝盛行这项运动，而追溯宋朝的相关文献，则可以了解它的游戏规则（参考文献中列出了跟Polo有关的文献，如向达、罗香林两位先生的著书）。

双六（不是绘双六）从伊朗传来，西传至欧洲后被称作Backgammon保留下来，正仓院的宝物中有，一看便可得知。象棋虽源于印度，但似乎也在伊朗的文化世界里游历过一圈。

在这里顺便还要说一说元宵赏灯一事，虽然这并不是什么游戏。很多记载都显示，元宵赏灯在唐朝非常盛行。那些华美至极、构思巧妙的树灯（比日本的万灯更华丽），制作中会否存在着伊朗的影响呢？张说有诗云：“帝宫三五戏春台，行雨流风莫妒来。西域灯轮千影合，东华金阙万重开。”透过这诗句我们能试想一下当时的情景，但究竟受到多少来自西域的影响，这一点却不明了。德国格伦威德尔（Grünwedel）在高昌国旧址出土的壁画中看到一幅树灯图，这也能证明刚才那个推想并不完全是无稽之谈。然而，要说赏灯之风是从中原反向传入了高昌这一点却难以想象，结合张说的诗句，让人不禁觉得大概是这种风习东渐时混入的产物吧。

三、衣食住

（A） 服饰及化妆

衣、食、住的一些服饰和饮食，显示其曾受到过强烈的伊朗之风浸润，在此先举几例。

唐朝男女的服饰、鞋帽等物，吸收了很多来自西域的流行风尚，尤其是自开元以来，这股流行之风盛行一时，这一点明确记载在各种文献中。《旧唐书》卷四十五《舆服志》对此进行了概括，记载了胡服、胡帽、胡屐的大流行。胡服、胡帽、胡屐等主要是用来指称伊朗风格的东西。这里一个一个细说有些困难，如果看一下近年从洛阳、西安两市附近发掘出的土偶，大概就能略微推想一二。男女都穿着斜襟的上衣，外加类似披风或外套样的东西，这就是当时所谓的胡服，即伊朗系的服装。关于胡服和胡装，早前有王国维《胡服考》，也有日本原田淑人博士的《唐代的服饰》，这些都是做得比较好的研究，可以让我们详细了解相关内容，在此不再赘述。

对于结发和化妆，多数是向被称为北胡的突厥人（Türk）和回纥人（Uigur），以及夹杂在他们中间的西胡直接学到的。白乐天在《时世妆》中评论了当时长安流行的化妆法，指出那并非是中原的风气，从而暗示了西域之风的盛行。

（B） 食物及酒类

在食物方面，被称为胡食的西域式饮食非常流行，据称尤其是开元以后，贵人的御膳中全部都是胡食。虽然不太清楚胡食的实质是些什么，但那却似乎合乎了一般大众的喜好。在极其简单而又平民化的胡食中，有一种胡饼，透过小说和随笔可以得知，长安市内到处都有胡人在制作和销售这种胡饼。此外，还有两三种胡食只留下了名称，至于实质都相当模糊，令人遗憾。

唐朝也很重视西域的酒。唐初太宗攻破高昌国时带回了葡萄种子，将其种在皇宫御苑里，还学习了葡萄酒的酿造方法。据传太宗亲自酿造出八种葡萄酒，赐给群臣共饮，有记载说那酒的味道“芳辛酷烈”（早在汉朝葡萄就已经在中国得到种植，也酿制葡萄酒，后又传来了西域式的酿造法，而太宗又改进了西域式的酿造法）。在各种酒中，波斯产的菴摩勒、毗黎勒、诃黎勒，贵为京城名酒。这三种酒的名称原本是酿造用的果实（或者是果树）的名字，后而转变成了酒的名字，三种果实分别对应梵语的 amalaka、vibhitaka、haritākī，对应新波斯语的 amola、balia、halila，对应中古波斯语的 amalak、bililak、halilak。酒的名称大概是把这些词音译后流传而成。还有一种西域产的龙膏酒，酒名虽然还在，但酒是否真实存在，这是一个很大的疑问，故在此省略。

上述西域产的酒在长安和其他都会的酒肆中应该都有出售吧。不得不提的还有胡姬，也为其增添了伊朗色彩。被称为胡姬的都是一些在酒店接待客人的异国女性，深受当时文人骚客的喜爱，这一情景在唐诗中多有描述。有名的李白《少年行》中云：“五陵年少金市东，银鞍白马度春风。落花踏尽游何处，笑入胡姬酒肆中。”李白还咏过“胡姬貌如花，当垆笑春风”“细雨春风花落时，挥鞭直就胡姬饮”等。

贺朝有一首题为《赠酒店胡姬》的诗，杨巨源也有题为《胡姬词》的诗，岑参在某送别诗中也咏叹过胡姬。单说胡姬可以广指异国的女子，但多数是指伊朗血统的女性，这一点和我考证的结果完全一致。基本可以确定酒店的胡姬无一例外都是碧眼、卷发、肤色白皙的波斯西域人。

（C）住宅

直至现在也无法完全确认，住宅方面受到过多少伊朗文化的影响。在笔者所了解的范围内，仅有一例可以为证。

玄宗时代，长安巨富王铁的宅院内有一座自雨亭，宫中有一座凉殿。这些建筑是用某种方法从高处把水引到亭子檐顶，再利用某种装置让水从屋檐的四周流泻而下，像下雨一样。据说夏天待在这个亭子里会感到宛若秋天一般的凉意。其他的贵族富豪的宅院中应该也会有此物吧。据《旧唐书》记载，在今叙利亚、小亚细亚一带，似乎许多人家里都有这种装置，遍布东至波斯、西至东欧的广大地区。长安的凉殿和自雨亭好像应该是模仿波斯而建造的。除此以外，建筑的细部或者装饰也都采用了西域风格，这也可以想象，但是无需怀疑，像宫殿、寺院、道观、佛塔这样的大型建筑，就连住宅整体几乎都是原有的中国式样，这方面似乎完全没有受到西域的影响（洛阳天津桥现今仍留存着其中的一个拱形桥墩，这上面是否有伊朗技术的影子，这一点还想向各位同仁求证，望不吝赐教）。

以上，试着对唐代的几种伊朗文化进行了简要说明，但所成文字既简单又显得有些杂乱。在此，我无法详细明示出典以及对其进行考证，只好将其让作别的机会。如要再进行细致研究，那还应该在此基础上增加别的条目，这也一并留作将来吧。如果要我用一句话来概括此章，那我就借用前面提到过的《旧唐书·舆服志》里的记载："开元来……太常乐尚胡曲，贵人御馔，尽供胡食，士女皆竟衣胡服。"也正如元稹《法曲》中歌咏的"胡音胡骑与胡妆，五十年来竞纷泊"那样，唐代异国情趣之主流不正集中体现在伊朗文化之中吗？

附：隋唐时期中原文化的西渐

隋唐时期以伊朗方面文物为主的西方文化传入了中国，前文已经对此做了叙述。这个时代也是中国文化西渐的时代。据今所能确切了解到的范围，中国文化的西渐在汉朝就已发轫，经六朝到隋唐时期，随着东西交通的发展和中国国势的强大，中国文化以一种蓬勃的姿态开始进入西方。但是我今日的研究状态无法对其做一系统的描述，仅列举其中几个显著的实例，倒尚可为之。以下就分为两部分，来对此进行简述。一是中国文化对西域地区的影响，二是中国文化在葱岭以西地区的传播。

（1）中国文化对西域地区的影响

至少在唐朝前期，西域还应该算是中国的领土，是中国的一部分。文化上因属于接壤的区域，所以应该是中国文化传入的地方。因面积广大，所以即便同样有中国文化的流入，但程度显然有差别。概括地说，像高昌这种离中原最近的地方，自汉朝以后就多有汉人往来定居，传入的中原文化自然最多；而龟兹、于阗等国与高昌相比自然要少。以高昌为例，从隋朝到唐中期的一百六七十年间，实际上几乎已经处在了中国的统治之下，因此传入了很多中国文化，而汉族移居者的增多更加深了这一状况。颁布中原的法令，在中原的制度下施政，这从近年在当地发现的古文书中可以了解大致。当地发现的各种汉语书籍，其中的大部分是当时住在高昌的汉人阅读的，但结合六朝末高昌国的实际（如用胡语来阅读传入当地的汉语书籍等），这种现象多少也可以看作是汉语书籍在原住民之间普及的结果吧。据德国的 W. Bang 和葛玛丽女士（Gabain）考证，当地进行过用本地语翻译易经类书籍的活动，由此来看，汉语书籍就不光是汉人在读了。而对于佛典，西域的住民之间，既有印度的原著，也有用中国各地方言译出的版本和这些译本的重译本，还有把汉译佛典再译成当地语言的版本。这就像从西域传入中国的乐器，经汉化后又传回当地；或出自伊朗的花纹图案在中国经美化加工后又传回当地，这些都是有趣的现象。当地发现的绘画作品中强烈侵染的中国画风，既是不容否定的事实，也是证明中国文化对西域产生影响的很好证据。不仅是高昌，在广大的西域地区都能看到同样的现象。但也正如前面说过的那样，越靠近西方，受中国影响就越小，这一点无可否认。

（2）中国文化在葱岭以西地区的传播

这里将从（A）造纸法的西渐、（B）陶器的输出、（C）工匠的移居等方面，来叙述中国文化在波斯、美索不达米亚、埃及一带的传播。

纸是由东汉时期的宦官蔡伦改进（105）后逐渐扩大到中国内地，最终越过西部边疆传入中亚的，这从各国中亚探险队在当地发现的古文书、古写本中可以得到明证。至今仍没有迹象显示，当时的中亚地区拥有自己造纸的技术。唐中叶（玄宗天宝十载，751），高仙芝率唐军在今俄属费尔干纳（译者注：今吉尔吉斯斯坦费尔干纳地区）北边的塔拉斯河畔，与阿拉伯帝国军队大战，唐军大败，死了很多士兵。阿拉伯帝国军队抓住的中国士兵中有几个造纸工，他们被送到撒马尔罕，以他们几人为主，在阿拉伯人的国家中建立了最早的造纸厂。他们造出的纸很快就闻名一时，并传到了西亚地区，当时“撒马尔罕纸”是当地特产之一。9 世纪中叶，伊斯兰教作家裘希得（Juhith）称：“西有埃及苇纸，东有撒马尔罕纸。”11 世纪，史学家塔利比（Thaalibi）记述当时的事情说：“在撒马尔罕的特产中，应该提到的是纸，由于它更美观、更舒适、更简便，因而已经代替了过去书写用的埃及苇纸和羊皮纸。纸只产在这里和中国。”阿拉伯人记载这些纸“用草木做成”，意思有些含糊。从中亚一带残存的纸中多检出碎布和植物纤维的混合物，但植物纤维占多数。然而，看当时的阿拉伯纸就会发现，其多以碎布为原料，这大概是因为阿拉伯人感觉难以得到中国人用的造纸原料，所以就采用了现成的材料吧。撒马尔罕建成了造纸厂后，很快，公元 793—794 年，因《一千零一夜》出名的哈伦·拉希德在其首都巴格达也建造了造纸厂，并聘请了中国人，想以此来振兴这个新兴产业。但论及供给力，新工厂始终没法跟撒马尔罕造纸厂相比。接着，阿拉伯半岛东南岸某处和大马士革也先后建成了造纸厂。尤其是大马士革，在此后数世纪，因是欧洲用纸的供给地而名声大噪（题外话，当时叙利亚的Bambykhe［Bambyn］也有造纸厂，因为生产的纸送到了欧洲，所以在欧洲纸被称作 Charta bombycina，这个形容词是 bombycina［棉 cotton］的讹音。尽管这些是碎布纸［rug paper］，但自马可·波罗时代以后就被专门称呼为棉纸，甚至还有说 rug paper 是 15 世纪由德国人和意大利人最开始生产出来的。1885 年威斯纳博士［Wiesner］的显微镜检验证明那些原来是 rug paper。这个故事可以用来说明，欧洲和西方的纸跟东方比起来差别很多）。唐代中国生产的普通麻纸、縠纸（楮纸）类，可以通过日本奈良时代的文物和敦煌石室的遗著来大概了解一下。日本正仓院珍藏的光明皇后御笔《杜家立成》和抄写王勃诗集用的淡红、淡黄、淡绿等五色纸，在中国似乎没有遗存，然而在被认为是 16 世纪、17 世纪做的波斯插图故事书里却使用了相似的五色纸。由此可知，五色纸并不是当时突发奇想创作出的样式，而是早在八九世纪就有了那样的传统。这或许算得上是从唐朝中国传入西亚的一种风潮的遗存。

在向西方输出的中国文物中，陶器也是其中一例。直到中唐，在中国的陶器中似乎都还没有出现真正的瓷器，但在所谓的三彩中的确有做工非常精巧的东西。今日我们能见得到的文物通常都是明器，明器中有一些是很值得把玩的精美艺术品，能够让我们想象一下当时制陶工的技巧。试想一下，这些东西不可能没有被中国的相邻文化国赏玩过，而且也必定传到过中亚诸国和波斯、美索不达米亚等地方。根据近年德法探险队的发掘，阿拔斯朝哈里发宫廷萨马拉和太古以来波斯名城书珊的遗迹中接连发现了唐代陶器文物，以前的推测被证实了。据说，这些陶器当时主要是从中国海路的南岸直接由中国船或者搭印度、波斯、阿拉伯的商船，经波斯湾的港口被出售到波斯、美索不达米亚一带，有一些还传到了埃及。在那个时代，这显然是上流贵族社会赏玩的东西，后来当地造出了仿制品以及吸取了其中一部分构思的东西，前面提到过的萨马拉和书珊遗迹出土的文物就足以证明这些（此详细内容参见德 E. Sarre 和法 Raymond Koechlin 等的研究）。顺便提一下，除此以外，在耶路撒冷还出土了带有华丽纹饰的唐镜，估计这些在当时主要也是由海路从中国传去的吧。

最后我想说一下那些移居到西亚的中国工匠，经他们之手，中国的工艺美术给西亚地方带来了影响。前面提到过，高仙芝败战时被抓住的中国俘虏从巴格达被带到了阿克拉（亚俱罗，今伊拉克库法），其中有一个叫杜环的人（因撰写《通典》而有名的宰相杜佑的侄子），后来被放归大唐，把西域各地的见闻记录下来，写成了一部《经行记》。这本书现已失传，所幸有一部分转引在《通典》和宋代乐史撰的《太平寰宇记》中而保留了下来。其中一节写道："绫绢机杼、金银匠、画匠起作，画者京兆人樊淑、刘泚，织络者河东人乐寰、吕礼。"这句话因记载的书不同，多少会出现一些文字差异，全句意思也稍有不通，但从中至少可以解读出，阿克拉一带有来自中国的绫绢织工、金银匠还有画家。从中还可以知道一些人名，虽然记载的只是一些琐碎的事情，但仍不失为重要的史料。对照后世蒙古伊尔汗国时代波斯的事情想一想，就不会觉得有丝毫奇怪了。在移居西亚的工匠中，应该还有很多在记录中都没有留下姓名，这样的观点应该会更恰当一些吧（至于那些工匠究竟是自己主动去的，还是在被抓住时无奈被强迫送出去的，这要另当别论）。

本章参考文献略目

这一章概说极其简略，为了给继续寻求详解的人士提供方便，我把非专业类的一些著名的参考文献罗列在此。这些先贤的辛劳之作，让我的依据显得明明白白，对此以表谢意。

桑原骘藏博士《隋唐时代往来中国的西域人》（先发表于《贺内藤博士六十寿辰纪念中国学论丛》，京都，1926 年；后收录在著者论文集《东洋文明史论丛》中，京都，1934 年）。

P. Pelliot, "Les influences iraniennes en Asie centrale et en Extrême - Orient," *Revue d' Histoire et de Litterature religieuse*, 1911，榊亮三郎博士将该文翻译为日语，发表在《艺文》3 -8，1912 年 1 月。

羽田亨博士《西域文明史概论》，京都，1931 年。

同，《中央亚细亚的文化》（岩波讲座《东洋思潮》14，1935 年）。

陈垣《火祆教入中国考》（北京大学编《国学季刊》1 -1，1923 年）。

陈垣《摩尼教入中国考》（《国学季刊》1 -1，1923 年）。

E. Chavannes et P. Pelliot, "Un traité manichéen retrouvé en Chine," *Journal Asiatique*, 1911—1913.

矢吹庆辉博士《摩尼教》（岩波讲座《东洋思潮》13，1935 年。著名的摩尼教欧洲各研究大致记录在前两篇论文中）。

A. C. Moule, *Christians in China before the Year* 1550, London, 1930.

向达（觉明）《唐代长安和西域文明》（《燕京学报》专号 2，北平，1933 年）。有增补再版。

罗香林《唐代文化史》（台北，1955 年）。尤其是《唐代波罗毬戏考》。

原田淑人博士《从正仓院御物来看东西文化的交涉》（史学会编《东西交涉史论丛》所收，东京，1939 年）。

同，《唐代文献中的正仓院御物》（《明治圣德纪念学会纪要》23，

1925 年）。

同，《从考古学来看东西古文化的关系》（外务省文化事业部演讲录，1930 年 12 月刊）。以上三篇收录在博士的论文集《东亚古文化研究》中（东京，1940 年）。这本论文集中还有许多使我受益匪浅的重要论考。

同，《西域出土绘画中所见服饰研究》（《东洋文库论丛》4，1925 年）。

B. Laufer, *Sino - Iranica*, Chicago, 1919.

桑原骘藏博士《纸的历史》（《艺文》2 - 9、2 - 10，1911 年 9 月、10 月。后收录于《东洋文明史论丛》，京都，1934 年）。

小林高四郎《东西文化交流史》（东京，1951 年）。

T. F. Carter, *The Invention of Printing in China and Its Spread Westward*, New York, 1925. 有增订版（据 L. C. Goodrich 先生著书）。

Christensen, *Iran sous les Sasanides*, Copenhagen, 1934.

F. Sarre, *Die Kunst des alten Persien*, Berlin, 1923.

P. Pelliot, "Des artisans chinois à la capitale abbasside en 751—762," *T' oung - Pao*, 1929, p110 - 112.

本书所收拙稿《“胡旋舞”小考》和《当垆的胡姬》。

深井晋司《三花马 · 五花马的起源》（《东洋文化研究所纪要》43）。

岸边成雄《东洋的乐器及其历史》（1948 年），及同氏其他著书。

长安盛夏小景

长安夏季十分炎热，盛唐诗人王维（字摩诘）道：“长安客舍热如煮。”即便如此，长安终归是长安，作为大唐之都在当时号称世界第一。这里并非要一味讨论长安的暑热难耐，即使距今千年有余，即使没有冰激凌，但人人都渴望着在装饰着冰花柱的干净桌子上，摆上切开的西瓜或者甜瓜之类的消暑之品。当时已经有了类似于电冰箱和电风扇之类的东西。傍晚时分在花街柳巷纳凉的平康歌妓，身着绫罗，淡扫蛾眉，顾盼生姿时也能让人感到阵阵凉意吧。下面就信手拈来几例长安之都的夏日景色。

冰柱

富贵人家在天气转热时都会在室内摆放冰柱来降低室温。“冰片高堆金错盘，满堂凛凛五月寒。”（岑参诗句）而据说杨国忠一门每到最热的三伏时节，“取大冰，使匠琢为山”，围在宴席四周，赴宴者饮酒至酣非但不感到热，还面露寒色，这和今天的冰花非常相似。还有记载杨氏一门在伏天取来坚冰并雕镂出凤凰、瑞兽等造型，再配以金环或系上彩带，放在雕花盘中送与王公大臣。这种程度的奢侈总会让人觉得有些过分，令人生厌吧。

龙皮扇

开元、天宝年间有一个叫王元宝的人，是长安有名的富豪之一。他家有一把皮质的奇妙扇子，具体什么构造不得而知，大概是一把大团扇。将这把扇子放在座前，撒上刚刚汲取来的水，顷刻便飒然生风，“巡酒之间，客有寒色”。因凉意过甚，遂命人撤去。这有些夸大其词，不太可信，如果真有的话，那就类似于今天的电风扇，在当时被称为“龙皮扇”。

自雨亭

同样是有关盛夏时节的事情。朝廷曾没收奸相王铁的宅院，他用受贿得来的钱财，极尽奢侈之能事，朝廷派来的人清点了几天，仍然没有整理出头绪。他在庭院里建造了一间自雨亭，是用某种方法把水引到亭子顶，再引水自亭子檐流泻而下，在四周形成一道水帘，像下雨一样。据说夏天待在这个亭子里“凛若高秋”，这应该会很凉爽。宫中也有一处凉亭，和这个一样。也有人认为这些手法都是从罗马的东方属地——现在的叙利亚、伊朗一带传入，并加以模仿而来。据说东罗马帝国的皇帝攻打波斯都城，攻进宫殿看到这个结构时甚为惊奇。

凉棚

在长安，富可匹敌王元宝的巨贾有刘逸、李闲和卫旷等，他们都对四方之士非常热情，是疏财重义、具有侠士气概之人。而其自身的生活也非常豪华，据说他们每到酷暑时节，“各于林亭内植画柱，以锦绮结为凉棚，设坐具”，设雅宴邀请众人来开“避暑之会”，并且叫来长安名妓周旋于酒席之间。《开元天宝遗事》的作者在记录这件事时感叹道“时人无不爱羡也。”

瓜（西瓜？甜瓜？）

正如李颀在诗中描述的，“北窗卧簟连心花，竹里蝉鸣西日斜。羽扇摇风却珠汗，玉盆贮水割甘瓜”，从靠北面窗户下午睡醒来，在水盘上切开冰镇的甜瓜，那么长安的酷热就会顿觉清凉吧。我不太确定这瓜到底指的是西瓜还是甜瓜，会不会是那种有网格表皮的瓜呢？总之，瓜是这里的特产。从诗中可以得知，当时人们通过吃相当冰凉的东西来消暑，有诗为证："甘瓜剖绿出寒泉，碧瓯浮花酌春茗"（萧祜）、"绿香熨齿冰盘果"（韩偓）。杜甫品尝着一切两半像冰霜一样清凉适口的冰镇甜瓜，脱口吟出"落刃嚼冰霜，开怀慰枯槁"，可见，就连枯槁之怀也得以慰藉了。冰是用冰室或冰壶来存放的，孟浩然云"冰室无暖气"，张汇作过一首《观藏冰》，李程《玉壶冰》以咏冰壶为题。冰壶应该是指家家户户用来存放冰块的容器，大致相当于今天的冰柜吧。关于冰，白乐天在皇帝赏赐冰块谢恩时说过一个词叫"饮冰"。王季友《玉壶冰》里也出现"饮冰"一词，李德裕《会昌一品集》中说"以酒和冰而饮"，大体相当于将酒淋在冰块上。宋代出现了《食冰》诗，那唐朝的人们应该也有过吃冰的举动吧。

避暑

冰也好，甜瓜也不错，但真正能够摆脱酷暑的唯有避暑。帝王到五月（现在的六七月）就带着众嫔妃去骊山温泉游玩①。而长安城内生活富足悠闲的富贵人家，会去位于南郊景胜之地的樊川、杜曲、韦曲的别墅避暑，抑或是退居于幽境终南山一带，随着仙人的足迹踏访山中十大胜景之地。王右丞（摩诘）的别墅附近有一条辋川，那一带据说是都市人最喜爱的避暑胜地。而无法去这些胜地的人们，也会于月明之时散步于长安的郊外，登上佛塔，恣意消遣这些免费的凉爽去处。白乐天在《月夜登阁避暑》中吟道："旱久炎气盛，中人若燔烧。清风隐何处，草树不动摇。何以避暑气，无如出尘嚣。行行都门外，佛阁正岧峣。清凉近高生，烦热委静销。开襟当轩坐，意泰神飘飘……"长安城里里外外不知耸立着多少佛塔，想必到此地纳凉的人一定很多。但是由于城内严格禁夜，人们无法在夜晚散步。看到这些诗句不禁让人想到城外应该是与城内不同，别有一番情景吧。

①此处所述地点有误，不应在骊山温泉避暑。——编者注

长安附近古迹图

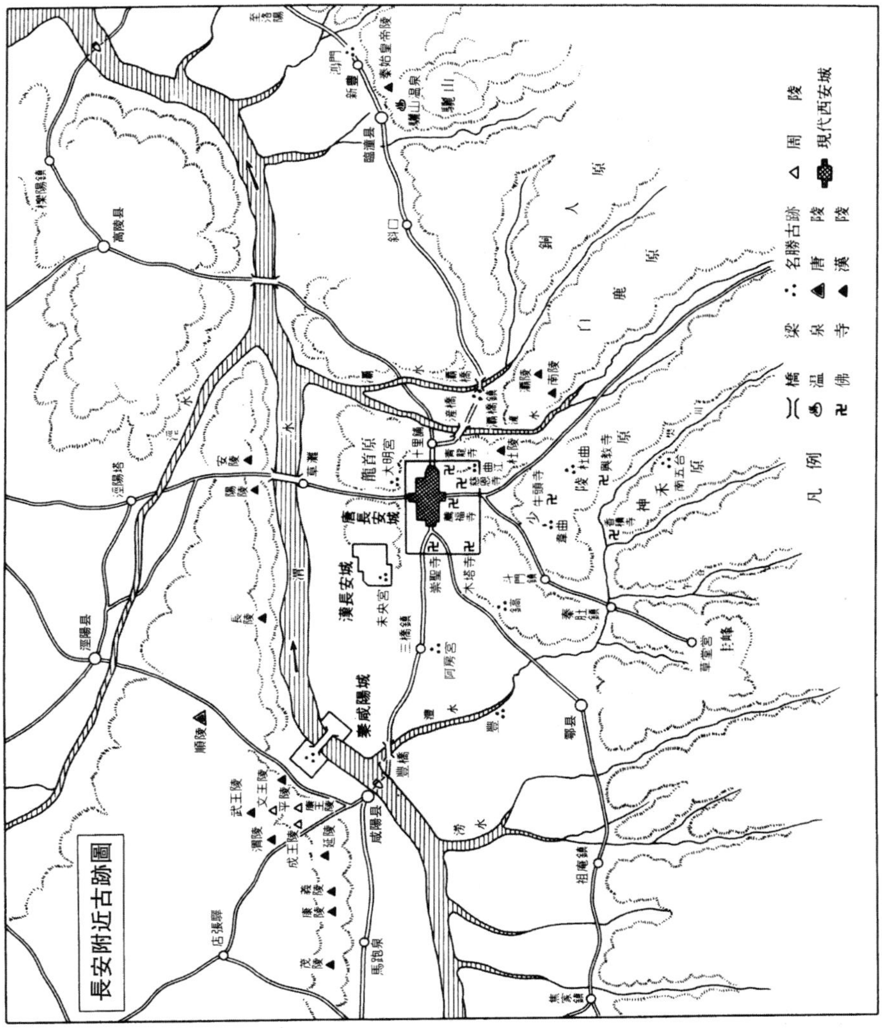

本图摘自1979年日本讲谈社出版的《长安之春》

一、本图基于足立喜六《长安史迹研究》中的“西安附近古迹图”，以唐代长安为中心，标出了分布在四周的全部古迹。如今世上出现了各种新资料，我应该参考它们对本图进行修订，但我还是保留了初版时的图。此图极其粗略，请读者谅解。

二、现今的西安市，建于唐都长安遗址之上，至民国初年一直都是西安府城的所在地，市名也因此而来。民国初废府之时改名为长安县，近年又恢复原称，称为西安市。

三、本图上方栏外的地区，沿东西分布着唐朝皇帝的陵墓（图中显示有周、秦、汉的帝王陵），下方栏外有终南山呈东西走向。东南远处有蓝田关，附近有辋川和知名的王维山庄。

四、古时渭水上架设有三座桥，今已无存。

长安城坊复原图

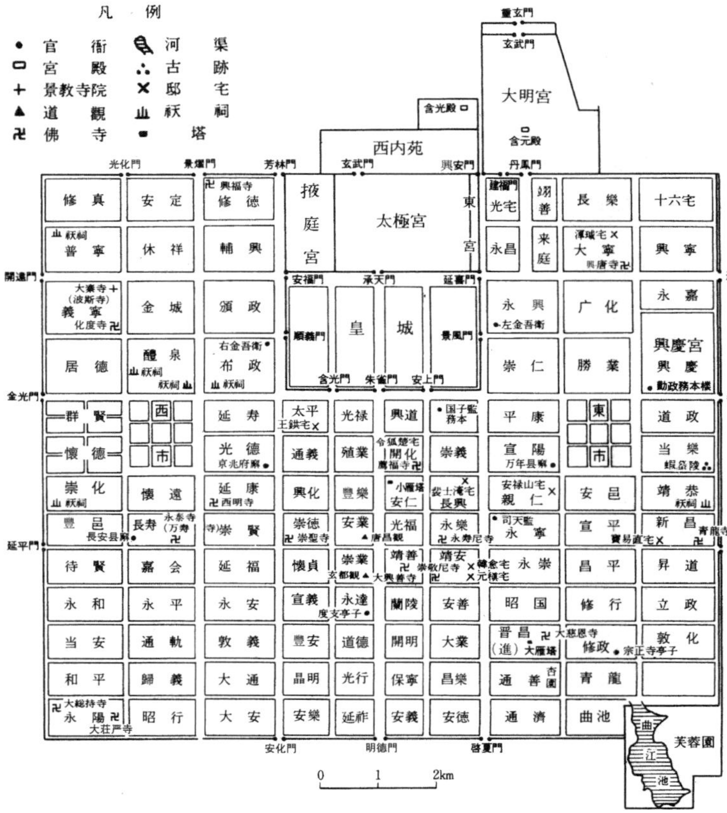

本图摘自1979年日本讲谈社出版的《长安之春》

一、以往长安街市的平面图多参考清代徐松《唐两京城坊考》中的长安区划和足立喜六《长安史迹研究》中的插图。徐松之作是纯文献研究的结果；足立之作是先对当年的尺度进行推定计算，再与他自己明治四十年（1907）在长安实地测量的结果对照后得来的，且距离本书的初版发行最近。笔者在足立的图中加入了地名等，并把它附在初版的卷末。之后，宋代吕大防《长安图》石刻的碑石出土，平冈武夫经过细致调查后整理出《唐代研究指南》五、六、七（《唐代长安和洛阳》，尤其是“七、地图篇”），取得了很大的进展。中华人民共和国成立以来，一直在对长安的旧址进行考古挖掘，公布了一些成果，展示出了跨世纪的工作进展。眼下这项工作仍在继续进行，我只能得知其中一部分结果。本图在中国杂志《考古》1963 年第 11 期所载复原图的基础上，添加了最重要的宫殿、官衙、城门、坊、寺观等名称。

皇城南各坊都有东西向通衢，其他坊原则上都有东西、南北相通的十字街，如果每一个都添加在此则无法清晰地显示坊名，所以这里仅选东西市两坊来体现一下当时的模样。

二、徐松曾参考过的，其友人王森文的《汉唐都城图》（刊本）早已遗失，今西安市文史研究馆和陕西省博物馆各有一藏本，均有破损、虫蛀和褪色，保存状态不容乐观，但把两者合并起来，能够大致了解唐长安城内的景象。徐松虽费尽心血，但终因是平面图，在今日看来稍有不足也在所难免。

三、参考姚宽《西溪丛语》和新发现的石碑，添加了崇化坊祆祠，初版的附图中没有。醴泉坊西门之南的祆祠于中宗景龙年间（707—709）迁至布政坊西南角祆祠的西边。

四、河渠全部是徐松的推定，只能依靠今后的发掘进展来证实。

五、坊名虽时有改动，但本图中所示大致是最终结果。兴庆宫也曾几次扩建，图中所示为最终外廓，未超出推定的范围。玄宗时期以后在兴庆宫、大明宫及曲江池之间沿城墙修建了御道，其中兴庆宫至大明宫段遗迹尚未确定。

我的案头书

井上靖

我有一本昭和十六年（1941）四月由创元社出版的《长安之春》，已不记得买这本书时的情形了，记忆中当时似乎是在大阪心斋桥的十二段屋书房附近买的。二战结束时遗失了大部分的藏书，唯有《长安之春》和其余少量书籍还留在手中。自那时已经过了三十多年，这本书跟着我辗转了几个书斋，直至今日。《长安之春》于我并不是要永远珍藏的那类，而是更为直接的一类。

我写过几篇描写唐代长安的小说，《天平之甍》《杨贵妃传》还有其余几篇，总是承蒙《长安之春》给予我的很大的恩惠。对我而言，这本书是辞典，是参考书，更是我在描写长安之时绝不能离开的护身符。石田还在要书房出版了一本《唐史丛钞》，这本书对我也发挥了同样的作用，从内容上，我想说它是《长安之春》的续篇，此处暂不涉及。

《长安之春》中，以书名“长安之春”为首，共收录着《“胡旋舞”小考》《当垆的胡姬》《西域胡商重金寻宝》《再谈胡人采宝记》《胡人买宝记补遗》《隋唐时期传入中国的伊朗文化》《长安盛夏小景》等八篇，无一不是石田幹之助博士用自己渊博的知识精心编制而成的研究心得。说是研究心得不很确切，而单说是心得显得不够分量，但说成详论却又似乎与石田博士编写此卷的初衷不符。石田将不引人注意的主题，用不引人注意的手法编缀成册，把它呈现在一些极具眼光的读者面前。石田博士渊博的知识像宝石一样镶嵌在书中的各个角落，这让收录在这本书中的各个章节显出了与“心得”不同的风格，也构成了《长安之春》一书无以类比的独特魅力。

无需多言，长安自周朝至唐朝，断断续续做了一千年的都城。在那一千年中，长安最辉煌的时期就是当时在世界上属最强大文明国家的唐朝，同时期的日本是奈良时代。

奈良时代最大的特色就在于向先进的大唐大量学习技术与学问，那个时代整个国家都在努力为年轻的日本输送养分。派遣去大唐的船只，载着怀揣重大使命、以生命做赌注的年轻人，无数次从难波津出发。

于是，这个时代来自先进之国大唐的文化如滔滔流水，唐风流行于世。从律令国家的政治形态，到古都奈良的城市建造，全都仿长安而为之，甚至是民众的习惯和社会风俗，都无一例外。正是这样的时代，才能孕育出这样的歌谣：

奈良宁乐都
花熏今正盛

唐都长安与日本派去的文化使节关系密切，遣唐大使和留学生都怀着要到唐都长安的目的乘船远行。长安是当时日本文化领导人憧憬的大都、政治文化的圣地。年轻的留学生在长安勤奋学习几年，甚至几十年。

日本都城奈良和唐都长安都是距今一千二百年以前的都城。小说中只要出现这两个朝代，那就不能不描述这两个都城，而这相当困难。

除了前面引用的“奈良宁乐都”，恐怕还没有什么能更加具体地描述奈良，描述那个时代，似乎真的没有。只能用“繁华盛开、熏香扑鼻”来咏叹的奇妙之处，都城奈良有，那个朝代或许也有。明快华丽，却又隐约虚幻缥缈。

现在，能让我们遥想当年盛况的除了雕刻、绘画，也就只剩几处残留的寺院建筑，其余的都已荡然无存。战后发掘出那时的遗迹，现作为平城宫址得到了整理和保存。

同样，唐都长安的大部分也深埋地下。现在的西安城不过只占据了古时长安的东北一角，把现在的西安城先横向扩大两倍半后再往南扩大三倍，这样才可以看到古时长安城的结构。四周要再围上一圈城墙，城外也要设置一些繁华区域。这是何等辽阔的都市结构！终究，现在的西安只是唐都长安的若干分之一，大部分整然有序的街坊依然淹没在一片田园之下。

唐都长安现已消失不见，但围绕长安还有很多资料能够让我们凭借其来想象它的古时风姿。翻开唐代诗人的诗集，街道的繁华、郊外的寻乐、节日的喧嚣、酒场的氛围、牡丹的名苑等等，洋洋大观，就像是一本风俗辞典，集合相闻歌、挽歌、旅歌的《万叶集》也不能至此。《万叶集》的和歌和《唐诗选》的诗歌，两者性格迥然不同。除此以外，还有收录汉代到五代时期传闻逸事的故事集《太平广记》。

《全唐诗》四万八千首，《太平广记》五百卷，想要进入这文字的海洋中去探险，对于我们这些非专家人士而言，可望而不可即。石田博士为我们完成了心愿，他用一种平实的写法将其展现在我们面前，那就是《长安之春》，是《唐史丛钞》。承蒙此恩，在某种程度上我们看到了唐都长安的景致，领略了那个时代的风俗。

开篇的《长安之春》完美地再现了春天的长安。作者生动地描写了一千二百年前盛唐都城的春景，没有一处毫无根据的猜测和想象。石田丰富的知识渗透在了每一句，《太平广记》和《全唐诗》为文章提供了支撑。

《长安之春》的另一大特色就是通篇语调欢快，不失为一篇上乘之作。这样的文章并非努力就可以换来，石田全身心地投入到了写作中，肌肤的触摸，心灵的感受，小心翼翼地将其采集，不带一丝杂乱，不留一片模糊。

《长安之春》的文笔魅力，换句话来讲，那是出自著者对一千二百年前唐都长安的非同寻常的情感。石田是真的喜爱古都长安，他漫步在自己潜心复原的长安街头巷尾，悠闲惬意。

“唐都长安就是这样的一个地方。怎么样？不错吧。”石田似乎在如是说。所以，我们读者就这样安心地跟着他一路前行，优秀的向导非他莫属，在他停留的地方，我们也会停止脚步。他在春明门一带长久停留，我们也在那里长久停留，听着他的解说，我们了解了春明门的春天，也领略了国际都市长安街头的热闹繁华。因为他喜爱长安，所以不自觉地我们也在不经意间被都城长安的魅力所折服，这真是一个“危险”的向导。

最后收录的《长安盛夏小景》也是如此，虽然篇幅都很短小，但都城长安的夏天也随着那几个生动的街景一下子浮现在了眼前。在石田的带领下，我们徜徉在都城长安的夏日景色中，不禁感觉到阵阵凉意。

《“胡旋舞”小考》对初次出现在唐代记录中的胡旋舞这种异域舞蹈进行了考证，以探求其真实面目。唐代是喜爱西域歌舞音乐、西域风尚风靡一时的朝代，胡旋舞就是其中一例。虽然在唐代的记录和诗歌中都有过介绍，但我们还是无法真正了解那究竟是何样的一种舞蹈。如其名，这似乎是一种旋转的舞蹈，但来自何方？舞者的服装如何？为舞蹈伴奏的音乐、乐器如何？歌词是否是胡语？等等，这诸多事情我们都一无所知。而对此石田博士却以自己的方式追寻着，博闻强记、旁证妙引，不禁让人眼花缭乱，而且超乎寻常地有趣。

《当垆的胡姬》也属于同样的随感。当垆表示的是供应酒水，当垆的胡姬指的就是酒场里的胡姬。当时一些异族女子在长安的酒楼、酒家、酒肆里接待客人。

这篇随感探寻的就是胡姬。虽都统称为异族女子，但究竟出自哪里不得而知。是蒙古族？伊朗籍？回纥人？——这一篇从方方面面对当垆的胡姬进行了探究。

去年我受邀去了敦煌莫高窟，匆匆忙忙地游历了五十多个千佛洞。在初唐、中唐、盛唐各个石窟的壁画中，我看到了好几幅都画着胡旋舞，多少有些感触。其中，中唐第一百二十窟所绘四周围着乐工、舞者在中间舞蹈的画最美，舞者左脚踮起，背后背着很大的乐器（琴），伸到背后的两手弹拨着，上身赤裸，下身穿着类似裤子的东西，还戴着项链、手镯、耳环，头发也装饰起来，身裹长布①。

正如《“胡旋舞”小考》中引白居易的诗所云：

胡旋女，胡旋女。
心应弦，手应鼓。
弦鼓一声双袖举，
回雪飘飖转蓬舞。
左旋右转不知疲，
……

真是恰如其分。壁画中的胡旋舞本来感觉不到动态，当这句诗浮现脑海时，那舞女的身体竟像是要马上转起来一样。

《隋唐时期传入中国的伊朗文化》这一篇，从宗教、艺术、衣食住各个方面进行了论述，但凡对这些问题感兴趣者，就不能不看这篇文章。《西域胡商重金寻宝》《再谈胡人采宝记》这两篇也可以算是思考那个朝代时的一个重要资料吧。避而不谈西域的胡商，那就无法思考这个朝代。这是那些民间传承给予我们的良好启示。

---

①所述当为敦煌莫高窟中唐第112窟《观无量寿经变》中反弹琵琶乐舞伎形象。——编者注

译后记

西塞罗说过："世界是一本书。"旅行如同读书，读书也如同旅行。读一本好书，无异于进行了一次精彩的旅行。读这本《长安之春》，则宛若梦回大唐，完成了一次穿越之旅，从中收获的惊叹和感动，如同陈年的老酒，随着岁月的沉淀，悠久绵长。

承蒙西北大学高兵兵教授的信任与支持，我有幸遇见了这本《长安之春》。现在想想着实佩服自己的勇气，带着些"初生牛犊不怕虎"的无畏，我竟然没有细细研读一下书的内容，便应承下《长安之春》的翻译工作。现在必须要承认，在翻译这个领域，自己还是新手上路。虽然以前做过文稿翻译，但和翻译《长安之春》比起来，以往的经验完全没有了用武之地。

这本于 1979 年由日本讲谈社出版的《长安之春》，虽然只是一本看似朴素无华、口袋尺寸的小书。然而，只消翻一下书的目录便可知道，其中的内容绝非外表那般朴素。作者石田幹之助先生用一种古风卓雅的笔触，向读者细细描述了长安的春色、西域传来的胡旋舞、街头酒肆里的胡姬。而街头巷尾人们议论纷纷的各色胡人买宝记，作者更是如数家珍。在整个翻译过程中，我都在不断地找寻和研读史料，然后再绞尽脑汁、搜肠刮肚一番，才形成文字，态度上不敢有一丝怠慢、一丝放松。尽管如此，还是唯恐自身的学力水平无法将《长安之春》的精彩展现出来。而事实上，这一点也的确做得不好，某些章节的某些段落，都多多少少留下了遗憾。这一方面还恳请博学的同行和各界朋友批评指正。

距今1300多年前的唐都长安，是当时世界上最文明、最开放、最活力四射的大都市。城市布局井然，干净整洁，街道两旁种植着高大整齐的行道树。这自然会吸引来众多的朝拜者，春明门的繁忙则因此而起。远道而来的外国使臣和修学求法者，要从春明门进入他们心中的“圣地”。不仅如此，这里还汇集了赶赴地方任职的官吏、牵骆驼的商队和白马翩翩的富家公子，大唐的盛况跳动在作者的笔尖，跃然纸上。这些都无声地彰显出了国家的富足殷实，即便在当今也是那么地令人向往。以上是《长安之春》第一章中的部分记述，从中不难看出，该书作者对于大唐，是何等的崇拜与神往。这种来自异域的感情，是我们为曾经的大唐骄傲自豪的理由，的确令人动容。

在《“胡旋舞”小考》中，单单一个“胡”字，作者便从地域、民族、指称、传播等方面进行了详细考证。而对于“胡旋舞”，也是从舞姿、舞者性别、服饰以及伴舞乐器、歌唱语言等方面进行了考证。这种严谨的研究态度令人肃然起敬。而接下来的《当垆的胡姬》《西域胡商重金寻宝》《隋唐时期传入中国的伊朗文化》和《长安盛夏小景》这几篇，内容丰富，感情细腻，字里行间无一不流露出石田先生对大唐的热爱。在《西域胡商重金寻宝》中，作者引用了许多古籍中的传奇故事，对于这些故事，我全部找来原著与之一一对照。但我发现作者并非原文引用，而是做了一定的省略，又将其变成了现代日语。因此，我在翻译时也采取了以现代汉语解读的方式，而没有引用全文。

翻译《长安之春》，让我经历了一次心灵的洗礼。书中石田先生参阅了《全唐诗》《南部新书》《太平广记》《旧唐书》《新唐书》《长安志》等众多古籍，篇幅巨大，对此我只能用汗颜两个字来简化自己的困窘。相对于作者的深入阅读，自己以往的阅读充其量也只能算是浅尝，这也是我在翻译时既要广泛查阅古籍，又要绞尽脑汁的缘故了。只是即便这样做了功课，仍尚欠火候。书是越读越知其味，更何况还是古籍。如果之前就下功夫研读书中作者引用的那些古籍，日后再做翻译，应该会比这一稿更值得期待。

以上是我在翻译《长安之春》时自认比较深刻的反省。希望自己在今后的工作和学习中，能时时刻刻记得这个反省。如果能够从此转变，变成一个热爱古籍、踏踏实实做研究的人，也不枉高兵兵主编的一番苦心与好意。

最后对我在翻译本书过程中给予鼓励和支持的诸多师长、家人和朋友，一并致谢。谨以此作记。

张鹏

2013 年 初秋

声　　明

由于本书原著者石田幹之助先生已故去多年，此译著出版前，译著者和我们均未能联系到石田先生的后人。我们已预留了版本使用费，请享有本书著作权的石田先生的后人，见到此书后与敝社联系。